新聞・テレビではわからない、永田町のリアル

安積明子

青林堂

目次

第4章

序章

それは終わりから始まった

佐藤政権との類似点

それは「終わりから始まった」と言うべきかもしれません。安倍晋三《あべしんぞう》前首相が持病の潰瘍性大腸炎《かいようせいだいちょうえん》の悪化によって倒れたことから、菅《すが》政権が生まれたからです。

前任者の健康上の理由のために政権が替わった例は、過去にもありました。たとえば1964（昭和39）年11月の佐藤内閣の誕生です。下咽頭《いんとう》がんを患《わずら》っていた池田《いけだ》勇人《はやと》首相は、10月25日に退陣を表明。東京リンピックが終了した11月9日に、佐藤栄作《さとうえいさく》首相を後継指名したのです。

この時に総理総裁候補に名乗りを上げたのは、佐藤首相の他に河野一郎《こうのいちろう》氏と藤山愛一郎《ふじやまあいいちろう》氏の2名でした。藤山氏が出馬したのは1960（昭和35）年7月14日、1962（昭和37）年7月14日、1964（昭和39）年7月10日、1966（昭和40）年12月1日と1968（昭和43）年11月27日の5回にわたる総裁選でいずれも落選。私財を政治につぎこんだため、藤山コンツェルンの解体を招きました。

ちなみに河野一郎氏は河野太郎《こうのたろう》規制改革担当大臣のお祖父さんですが、池田首相が

3選を果たすため、資金供与などで多大な貢献をしていました。ですから「池田は必ずオレを後継に指名する」と、河野氏は自信満々だったそうですが、後継指名されたのは佐藤首相でした。そしてその8か月後、河野氏は大動脈瘤《だいどうみゃくりゅう》破裂で亡くなりました。池田首相より1か月も早い死去でした。

この佐藤内閣は1972（昭和47）年7月7日まで2798日間続き、安倍内閣、桂《かつら》内閣に続いて歴代3位の長期政権です。この間に日韓基本条約を締結（1965〈昭和40〉年）して日韓関係を正常化し、大阪万博（1970〈昭和45〉年）や札幌オリンピック（1972〈昭和47〉年）を開催し、沖縄返還（1972年）を実現するなど、日本を大きく変えました。またニクソンショック（1971〈昭和46〉年）などに見舞われたものの、佐藤首相は池田内閣の高度経済成長政策を引き継ぎ、日本を自由経済圏第2位の経済大国に押し上げたのです。

待ち構える国難

それから半世紀を経て、日本は未曽有《みぞう》の危機に遭遇しています。2019（令和元）年末に中国・武漢市で発生した新型コロナウイルス感染症は瞬《また》く間に蔓延し、2020（令和2）年には世界を恐怖に陥らせるとともに、社会のあり方を一変しました。秋には第3波が日本を襲い、札幌や大阪を始め、全国各地で新規感染者数が増加の一途。重症者数も死亡者数も、日々記録を更新しています。

政府はなんとか医療崩壊を防ぎ、有効なワクチン開発と普及に努めなければなりません。同時になすべきことは、ひとりひとりの国民の生活の安心の保障です。

ウイルス感染を防止するために人の移動を制限しなければなりませんが、経済を止めるわけにはいきません。新型コロナ感染症で冷えきった産業をなんとか支え、同時にニューノーマルに対応する新しい産業を育成する必要もあります。

対外的には、この混乱に乗じて虎視眈々《こしたんたん》と尖閣《せんかく》を狙う中国にも対応しなくてはいけません。中国の野望はすでに、西太平洋の覇権《はけん》にまで及んでいます。

さらに長らく懸念だった北方領土問題を前進させ、北朝鮮による拉致被害問題を早期に解決し、冷え切った韓国との関係も再構築しなければならない。克服しなければならない問題は、書ききれないほど存在します。

最たる困難は、こうした国難を上手く対処できる政治家がなかなかいないことです。冷戦構造の崩壊は、勝者のはずのアメリカの地位の相対的低下を招き、中国の台頭を許してしまいました。そうした国際情勢の下で日本は、大国の力に頼ることができなくなり、自らの道を開いていかなければならなくなったわけですが、それには高い見識と強いリーダーシップが必要です。２０２０（令和２）年9月16日に誕生した菅《すが》政権は、日本をどのように導くのでしょうか。日本の政治はどうなるのでしょうか。本書では新聞やテレビでは描き切れない現実を論じたいと思います。

第1章

官房長官から総理大臣へ

安倍ロスによる高支持率でスタート

2020（令和2）年9月16日に第202回臨時国会が召集され、菅義偉《すがよしひで》氏が第99代総理大臣に指名されました。衆議院で314票、参議院で142票を獲得し、安定のスタートを切ったわけです。8月28日に辞意を表明した安倍普三《あべしんぞう》首相の後継として、内閣官房長官からの事実上の〝昇格〟です。

7年8か月にもわたって第2次安倍政権を支えてきた〝辣腕《らつわん》官房長官〟である菅首相に国民の期待が集まりましたが、それよりも大きかったのは志半ばで退陣した安倍前首相に対する同情でしょう。辞任の理由が持病である潰瘍性大腸炎《かいようせいだいちょうえん》の悪化であったのは第1次政権と同じでしたが、今や安倍前首相は憲政史上最長任期の総理大臣。安定した政権運営とともにその在任記録を日々更新していたにもかかわらず、2度も辞任せざるをえなくなったことは国民に大きなショックを与えたのです。

実際に辞任直前の安倍内閣の支持率は、決して高いものではありませんでした。たとえば2020（令和2）年8月のNHKの調査によれば、内閣支持率は34％で不支持率は47％。実に13ポイントも不支持率が上回っていたのです。また共同通信（８月22日と23日に実施）による調査でも、支持率は36％で不支持率は49・１％と、不支持率が支持率を上回っていました。もっとも調査方法を途中で変えたために単純には比較はできませんが、数字だけに注目すれば、第２次安倍政権発足以降で２番目に低い内閣支持率ということになります。

しかし安倍首相が辞意を表明したとたん、これまでの空気はがらりと変わりました。共同通信が８月28日と29日に行った世論調査では、いきなり内閣支持率が20・９ポイントも上昇しています。内閣支持率が１週間以内でこれだけ変化したことは、異例中の異例でしょう。

その恩恵をそのまま受け継いだのが、菅《すが》政権でした。政権発足時の内閣支持率は、日経新聞とテレビ東京の共同調査では74％で、過去３番目に高い数字となりました。讀賣新聞の世論調査でも74％を示し、日ごろ政権に批判的な朝日新聞ですら、65％を記録しています。

しかしながら官房長官時代の菅氏は、「国民からの人気は絶大」とは言えませんんでした。もっとも1日に2度行われる官房長官会見の様子がネットで配信されており、その中で菅長官は「ガースー」と愛称が付けられ「GSF（ガースーファンクラブ）」などといったバーチャルな組織も作られていました。このように、菅長官に関心を持つ人は少なくありませんでしたが、あくまで一部のマニアックな存在にすぎず、国民的な人気とまでは至らなかったのです。

実際に朝日新聞が２０２０（令和２）年６月に行った調査によると、「次期総裁に相応《ふさわ》しい人」として31％が石破《いしば》茂《しげる》元地方創生担当大臣の名前を挙げていましたが、菅長官を選んだのはわずか３％にすぎません。

同時期の日本テレビの調査も同じで、トップは石破氏の26％でした。菅長官はわずか３％で、小泉進次郎《こいずみしんじろう》環境大臣の15％、河野太郎《こうのたろう》防衛大臣（当時）の８％と比べても、あまりにも少ない数字だと言えるでしょう。

ではいったいなぜ、菅首相がこれほど短期間で高支持率を得ることができたのでしょうか。主な原因は〝安倍ロス〟です。安倍首相が突然退陣したことによって全国的に深い喪失感が漂い、次期総理の選定が一種の〝弔《とむら》い合戦〟になったと考えられます。安倍前首相の〝後継〟となった菅首相に、国民の関心が集まった。それが支持に繋がったという次第でしょう。

なぜ石破茂が負けたのか

なぜ菅義偉首相が誕生したのでしょうか。反対にいえば、なぜ9月14日の自民党総裁選で石破茂元地方創生担当大臣と岸田文雄《きしだふみお》前政調会長が負けたのでしょうか。

とりわけ石破氏はこれまで各メディアが行う「次の総理総裁アンケート」で常にトップを走っていました。にもかかわらず、9月14日の自民党総裁選では最下位に沈んでしまったのです。

都道府県票こそ42票を獲得し、わずか10票しか獲れなかった岸田文雄政調会長に勝りましたが、議員票は26票と全く伸びていません。細田《ほそだ》派や麻生《あそう》派から〝同情票〟が流れたとされる岸田氏の79票にも及ばなかったのです。その結果、トータルで石破氏が獲得した票数は68票で、菅首相が獲得した３７７票の5分の1にも達しなかったのです。

なぜ石破氏が票を獲れなかったのか。まずは安倍前首相が獲得した87票の2倍近い165票の党員算定票を得て、第1回目の投票でトップに立った2012（平成24）年9月の総裁選から、8年もたってしまったからでしょう。この時の石破氏は勢いがありました。自民党内でも議員が競って石破氏の会合に参加し、その人気は安倍前首相を上回ったのです。

中でも忘れられないのが、石破氏が党本部で開いた決起大会でした。あふれんばかりの議員が集まり、とりわけ目立ったのは女性議員でした。司会役は三原《みはら》じゅん子参議院議員が務め、当時は衆議院議員だった小池百合子《こいけゆりこ》東京都知事や片山《かたやま》さつき参議院議員らが駆けつけました。会合の後にエレベーターホールで記者団に囲まれ、片山議員が得意げに「勝馬に乗らなきゃね」と話していたことを覚えています。勝機を確信していたということでしょうか。

しかし小池氏は違いました。当初はエレベーターホールに向かっていたにもかかわらず、廊下でテレビカメラが待ちかまえていることに気付くと、くるりときびすを返して、階段を使ったのです。きっと何かを感じて、「顔が映るとまずい」と察したに違いありません。

実はこの時の総裁選が行われた9月26日、筆者も同じようなことを感じたのです。第1回投票の結果、石破氏の勝利のムードは十分でした。しかし石破氏が率いる自民党が民主党政権を打倒できるのかといえば、そのようには思えなかったのです。

というのも、「防衛オタク」といわれる石破氏でしたが、安全保障問題についての主張については、安倍前首相の方が積極的でした。

石破茂には「何か」が足りない

石原慎太郎《いしはらしんたろう》東京都知事（当時）が尖閣諸島《せんかくしょとう》のうち、魚釣島《うおつりしま》、北小島《きたこじま》、南小島《みなみこじま》を地権者から購入する計画を発表したのは２０１２（平成24）年4月のことでした。それを受けて野田《のだ》政権が尖閣国有化を行ったのは同年9月11日で、まさに総裁選の直前でした。尖閣諸島のみならず、韓国に不法占拠されている竹島問題も、国民的議論の俎《そ》上陸《じょう》にありました。李明博《イミョンバク》大統領（当時）は同年8月10日、韓国大統領として初めて竹島に上陸しています。

にもかかわらず、総裁選に立候補した5人の候補の中で、領土問題について積極的に取り上げ、「日本を守る」と断言していたのは安倍前首相ただひとりだったのです。

しかも石破氏は1993（平成5）年に自民党を離党した出戻り組です。当時を知る幹部たちにはいまだ、「許せない」という感情も残っていたに違いありません。そして石破氏は落選。しかしこの時の総裁選で異様に勢いづいたことで、石破氏は「総理総裁を狙うナンバーワン候補」を自覚したのでしょう。

だが大きな派閥にいるわけでもない石破氏にとって、多くの議員票を獲得することはなかなか困難です。ということで、それ以来、石破氏は議員票より地方票を重視してきました。とりわけ2018（平成30）年の総裁選を前に大阪で講演会を開き、約1000人の聴衆を集めたことは象徴的でした。安倍官邸（といっても、実際には当時官房長官だった菅首相ですが）は維新と近いために、どうしても自民党大阪府連と距離ができていました。その隙間にうまく入り込んだのが石破氏だったのです。これには安倍首相（当時）も大慌てで大阪入りし、自民党大阪府連との関係修復に努めています。

しかし安倍前首相の突然の辞任による２０２０（令和２）年9月の総裁選では、党員の意見を広く反映させるよりも、「権力の空白をつくるな」が優先されました。すなわち、国会議員を中心に総裁選を行うべしということになったのです。これが石破氏にとって圧倒的に不利になった理由です。

しかしながら石破氏にとって最下位という結果は、想像すらできなかったものだったのでしょう。さすがの石破氏もショックを受けたようで、10月の臨時国会開会前に水月会《すいげつかい》会長を辞任することを表明しました。もっともその背景には、派閥のベテラン議員らから「ショック療法をやるべし」との助言もあったようです。

でもそれでは水月会の存在の意義はなくなってしまいます。水月会は総裁選出馬に必要な推薦人20名に満たない小さな派閥で、モチ代や氷代などの資金も潤沢《じゅんたく》ではありませんが、あくまで石破氏を総裁にするために２０１５（平成27）年に結成された集団です。石破氏が中心から外れてしまっては、なんのための水月会なのでしょうか。

さらに会長代行の山本有二《やまもとゆうじ》元農水大臣が同会休会を宣言。山本氏は「石破派にいることが重くなった」と漏らしており、石破氏の会長辞任と相まって、一線を引きたい意向のようです。

そもそも山本氏の選挙区の衆議院高知県第2区は尾崎正直《おざきまさなお》前高知県知事が出馬の予定で、高知県連は山本氏の比例区転出を決定しました。山本氏自身も2017（平成29）年の衆議院選で、野党系の広田一《ひろたはじめ》前参議院議員に2万票以上も差を付けられて敗退し、比例復活を余儀なくされています。ここは水月会から距離を置いて、全党的に支持を得る方が得策だと考えたのかもしれません。

こうした水月会の混乱に乗じて、平成研（竹下派）や宏池会《こうちかい》（岸田派）から若手中堅議員の勧誘（引き抜き）もあったようですが、あくまで石破氏に付き従っていく決意の若手らは抵抗しています。

しかし水月会の目的に基づいて石破氏がまた総裁選に出馬するためには、さらに外から仲間を引き入れる求心力とそのパワーを周りに大きく波及させることができる影響力が必要です。それが十分にない限りは、次期総裁選では推薦人すら集められず、出馬もできなくなる可能性があります。

国会議員の票を重視する自民党総裁の現行制度では、いくら全国的に人気があろうとも、党内の非主流派は圧倒的に不利です。そういう意味で石破氏が岸田氏に負けて3位になったという事実は、あまりに絶望的です。

政治家には賞味期限というものがあります。2012（平成24）年9月の総裁選の盛り上がりを再現できない石破氏は、賞味期限切れということなのでしょうか。

出遅れた岸田文雄

総裁選初出馬で石破氏に議員票では勝ったものの、岸田文雄前政調会長は「こんなはずではなかったのに」と痛感したのではないでしょうか。岸田氏はひたすら安倍前首相からの禅譲《ぜんじょう》を願った挙句、タイミングをつかみ損ねた出馬となりました。運の悪さの始まりは、コロナ禍の下で国民一律支給される定額給付金問題でした。

岸田氏は自民党政調会長として、2020（令和2）年4月3日に生活困窮世帯に対する30万円の定額給付案を安倍前首相に提示し閣議決定も経ています。

ところがそれは非常に不評でした。コロナ禍の影響を受けているのは一部の国民だけではないのに、不公平だというのです。

まず創価学会が公明党を突き上げました。それを受けて山口那津男《やまぐちなつお》代表は4月15日に安倍前首相に会い、10万円の一律定額給付を申し出たのです。一律給付を申し出たのは公明党だけではありません。自民党も稲田朋美《いなだともみ》幹事長代行（当時）らが動いていました。

かねてから総理総裁狙いを公言している稲田氏は、自他とも認める安倍のお気に入りでした。それを十分に利用すべく、稲田氏はその要望を安倍前首相に直訴することしばしばで、安倍前首相も稲田氏の要求を受け入れてたのです。

稲田氏は4月14日に官邸を訪れて、安倍前首相に全国民に等しく定額給付すべきことを訴えました。ところが安倍前首相は「まずは補正予算の審議が優先」と却下しているのです。

すぐさま稲田氏は二階幹事長に泣きつきました。そもそも困窮世帯に30万円を給付する案は財務省が作ったものですから、1人定額10万円よりも財政上の負担は軽いのです。もっとも財務省側の言い分としては、「一律10万円給付案よりも早く支給できるというメリットがある」というのがありましたが、支給ラインをどこで引くべきかという問題が残っており、迅速な支給が可能かどうかは、判明していなかったのです。

その中でいち早く「ひとり10万円一律支給案」を提唱したのが、国民民主党でした。当時国民民主党と会派を組んでいた立憲民主党はこの案に渋っていましたが、国民からの受けがいいとわかると、一転して「我々は当初から主張していた」と吹聴《ふいちょう》し始めました。

こうして10万円の一律給付への世論の圧力が高まりました。公明党と二階《にかい》氏の後押しで、安倍前首相は一律支給を拒否できなくなったのです。自信満々で30万円支給を官邸に上げた岸田氏は、赤っ恥をかくはめになりました。

しかしその恥は回避できたはずでした。自民党は事前に所属の国会議員を集め、その意見を聞いていたからです。

その中で多数が一律給付案でした。多少の目先が利く政治家ならば、コロナ禍という100年に1度の災いに対して思い切った対策を打つべきだと考えるはずです。

ところが「お公家気質」とも揶揄《やゆ》される宏池会のDNAのせいか、岸田氏はその踏ん切りがつかなかったのです。多数の議員の意見よりも、財務省の囁《ささや》きを選んだといえるでしょう。ただし岸田氏と安倍首相（当時）の間には、後に10万円の一律定額給付金の合意があったようですが、その順番を間違えました。これも政治家としてのセンスのなさと見ることができます。

菅首相はポスト安倍候補と言われる人達のこうした状況を見て、勝機を感じ取ったのでしょう。そして幹事長として党を掌握する二階氏に近づき始めたのは、それゆえでしょう。ごく少数の関係者以外には、その野心を隠しながら……。

麻生太郎から「古賀切り」を突き付けられて

そもそも総裁選での行動は、すばやく二階氏と組んだ菅首相に比べ、岸田氏は遅かったのです。

安倍前首相が退陣を表明した２日後の８月30日、岸田氏は志公会《しこうかい》の領袖《りょうしゅう》である麻《あ》生太郎《そうたろう》副総理兼財務大臣の個人事務所を訪れ、総裁選での協力を依頼しました。志公会は宏池会から派生した派閥で、「他人」というわけではありません。さらに47名の宏池会に56名の志公会が加わると、１００票以上の議員票が期待できるからです。

また２つの派閥を合流させる大宏池会構想を抱く麻生氏にとって、岸田氏は総理総裁候補でした。もっとも頼れる相手に、岸田氏は頭を下げたのです。

ところが協力の条件として麻生氏が突き付けたのは、非情なものでした。

「古賀を切ってこい」

古賀《こが》誠《まこと》元自民党幹事長は宏池会の前会長で、当時は名誉会長を務めていました。その古賀氏と麻生氏は、福岡県の政財界を巻き込んで権勢を凌《しの》ぎ合ってきたという関係です。

もっとも、麻生氏はポスト安倍の最有力候補として岸田氏を評価していたのです。ところが２日前の８月28日に開かれた岸田氏を囲んだ会合ににこやかな古賀氏の姿があったと知って、麻生氏は激怒。たとえ岸田氏を総理に担いだとしても、古賀氏に良い思いをさせるつもりはありません。２０１２（平成24）年の衆議院選で秘書の藤丸《ふじまる》敏《さとし》氏に衆議院福岡県第7区を譲った古賀氏ですが、宏池会ではいまだオーナーとして君臨。いまだその権力は衰えていませんでした。

「それはできません」

麻生氏の要求を拒む岸田氏に、麻生氏は別の宿題を出します。

「それなら首相に『岸田を応援する』と言わせてこい」

岸田氏にとってこちらの方が、はるかに難しい課題でした。

麻生氏が岸田氏を支援しなかったのは、古賀氏の在だけが理由ではありません。自民党をとりまとめた結果として官邸に上げた「新型コロナウイルス感染症による減収家庭への30万円給付」は閣議決定までされたのに、あっさりと公明党と二階幹事長の推す「一律10万円の定額給付」に負けています。これは岸田氏の政治力が否定されたのも同然なのです。「これではとうてい宰相の器とはいえない」と麻生氏に見られても仕方ありません。

麻生氏にそのように言われたため、岸田氏は翌31日に官邸に安倍前首相を尋ねました。しかし安倍前首相は「私自身から個別の名前を言うのを控えている」とにべもない態度。すでに空気は決まっていました。「平時の岸田」が「乱世の菅」に負けたのです。

9月の総裁選で負けた岸田氏は、次のチャンスを狙うべく、古賀氏切りを決意。古賀氏に10月5日の派閥のパーティーに「来ないでくれ」と伝えています。

古賀氏も名誉会長辞任を決意しましたが、果たしてその結果はどうなるのか。岸田派が麻生派に吸収され、大宏池会が結成されるのでしょうか。そうならないと後ろ盾を失った岸田氏の今後は、全く見えてこなくなります。

即戦力のある若手議員の不在

実際の話として、２０２０（令和２）年9月の総裁選はワクワクしたものではありませんでした。唐突な安倍前首相の辞任だけがその原因ではありません。それ以前から、これぞと思うようなポスト安倍候補の名前が挙げられてこなかったからです。

かつての自民党なら、各派閥が総裁になるべき若手を育成し、トップが欠けた時も人材を供給できたのです。

しかし現在では派閥の機能が失われ、人材育成が行われなくなりました。さらに能力が特別秀でたスター性のある若手議員もいません。たとえば小泉進次郎環境大臣は、2009（平成21）年の初当選以来、党内外で自民党の将来を担うホープと見なされていました。本人もその自覚は十分あったようですが、その意識はちょっと売れ始めたタレントとどれだけ差があるでしょうか。

もっとも当選回数が少ない若手の間は、そういう誤解があっても愛嬌《あいきょう》のうちでしょうが、当選回数を重ねて中堅の域に入ると、そうはいかなくなるもので、実際に最近では小泉氏への批判も強くなっています。

たとえば2019（令和元）年9月、初入閣したばかりの小泉氏は、環境大臣として国連の気候変動サミットに参加するためにニューヨークを訪問し、その夜に有名なステーキハウスを訪れています。

そこは小泉氏がかつてコロンビア大学に留学していた頃によく通ったお店で、なつかしさもあって訪問したのでしょうが、温暖化ガス削減を議論する国際会議に出席しながら、到着直後に食肉の中で生産に最も大量に温暖化ガスを放出する牛肉をわざわざ食べに行く神経が理解できません。

しかもステーキハウスに入ろうとする小泉氏を、絶好の角度で日本のテレビカメラがとらえていたのです。カメラに対して小泉氏は一言も抗議もせず、堂々と入店していましたが、誰が見てもこれは、「小泉氏側から日本のテレビ局に売り込みがあり、ステーキハウスに入る情報が事前に伝えられていた」と思う構図です。

なお小泉事務所には、大手企業の広報経験者が広報担当として採用されています。最近の若手議員の中には、こうした広報担当者を雇っている人もいますが、企業で成功したとしても、政界でうまく機能するかどうかは疑問です。というのも、政治家の見せ方については、マーケティングの知識よりも、政治や経済、および国際情勢についての総合的な知識が重要になってくるからです。そういう意味で、数多の政治家の中で「見せ方」で成功したのは、マスコミを操るのに長けていた飯島勲《いいじまいさお》氏を秘書にした小泉純一郎《こいずみじゅんいちろう》元首相くらいでしょうか。

しかもこの後の記者団との応答がまずかったのです。なぜステーキハウスに行ったのかとの質問を受け、小泉大臣は冗談っぽく「だって、（牛肉を）食べたいじゃないですか」と回答していますが、これは環境大臣としてのレスポンスとしてありえません。事前に牛肉生産が環境に与える負荷が多大である（畜産業の全体の排出ガスの78%を占める）ことを前提とした質問が出ることは十分に予想しえたのですから、大臣としてふさわしい真剣な回答を準備しておくべきでした。

それだけではありません。どうしても軽さが目立ってしまうのです。小泉大臣は記者会見で温暖化への取り組みについて質問され、「楽しく、クールにセクシーに取り組むべきだ」と回答しました。この「セクシー発言」は小泉大臣の会見に同席した気候変動枠組み条約の前事務局長のクリスティアナ・フィゲレス氏の発言を引用したもので、茶目っ気をもって真似たにすぎないものでした。ところが記者は深堀りすべくその真意について尋ねると、小泉大臣は答えることができなかったのです。

勉強不足もたたりました。外国メディアの記者から脱石炭火力に向けての施策についての質問が出ましたが、これは当然予想されていたものでした。小泉大臣は「減らす」と答えたものの、「どうやって」と聞かれると言葉が出てこなかったのです。

もっともこうしたことは小泉大臣に限りません。第2次安倍政権で外務大臣や防衛大臣に抜擢され、菅政権では目玉となる規制改革担当大臣に就任した河野太郎氏も、小泉大臣ほどではないにしろ、時折危うい面を見せています。

〈優秀なのにもかかわらず〉時折ボロを出す河野太郎

現在の河野氏は菅政権では、まさに「プリンス」の位置にいるといえるでしょう。人とあまり群れないという点こそ自民党らしくありませんでしたが、クリントン元大統領を輩出したジョージタウン大学で政治を学び、政界随一の国際性を有しています。外務大臣や防衛大臣を歴任した河野氏にとっては、特命担当大臣になるのは格落ちでした。

しかし9月16日の総理就任会見で、菅首相は「規制改革を政権のど真ん中に置いている」と述べ、河野氏に任せたのは政権の目玉だと宣言したのです。

そもそも河野氏は自民党の「無駄撲滅プロジェクトチーム」の座長として、熱心に事業仕分けに取り組んできた経験を持っています。民主党政権が党を挙げて事業仕分けを行った時には非常に羨《うらや》ましがり、「民主党だけではできないのなら、是非私も入れてほしい」と申し出たこともあります。菅首相にすれば、そうした河野氏の手腕を大いに買っているということでしょう。実際に菅首相はかつて「河野太郎を総理にする会」である火曜会にも参加したことがあったようです。

そんな河野氏が規制改革担当大臣に就任して熱心に取り組んだのが、「押印廃止」でした。印鑑登録などが必要な法人登記や政党交付金を受ける請求など83の手続きを除き、1万5000種類ある行政手続き上の押印を原則廃止したのです。

それは大変な快挙であることは間違いありません。長らく日本で続いてきた「紙と判子」の文化を一変させることになるからです。

そもそも本人の押印がなければ手続きが進まないというのは、非常に効率が悪いものです。しかも新型コロナウイルス感染症防止のためにリモートワークが推奨される中、デジタル化を推し進める必要があります。にもかかわらず、いちいち判子の押印で本人の意思を確認しなければならないとなると、こうした改革にも障害をきたします。そうした意味で河野氏が実現した「脱判子」は行政の効率化を図り、新しい働き方にも資する改革だったのです。

ところが自分の快挙に気をよくした河野大臣は10月29日にＴｗｉｔｔｅｒに、自分自身の笑顔の写真とともに、「押印廃止」という判子の画像を投稿しました。自分の功績を自慢するとともに、ちょっとした冗談か悪ふざけだったのでしょうが、それが判子業界の逆鱗《げきりん》に触れたのです。河野大臣は謝罪とツイートの削除に追い込まれました。

そもそも行政手続きでの「押印廃止」の趣旨とは、判子を否定することではなく、いちいち判子が必要だった手続きの簡略化を狙うことでした。河野大臣の行為は判子で生計を立てている人たちに配慮がなかったと同時に、改革の本当の意味を理解していなかったのではないかと思わざるを得ません。

優秀であるはずの河野氏は、こうした矛盾をたびたび露《あら》わにします。頻繁にＴｗｉｔｔｅｒで情報発信する一方で、肝心の情報開示については消極的です。たとえば防衛大臣時代に、記者会見のオープン化に関心を示したことがありましたが、いつの間にか立ち消え、実現しませんでした。

なお小泉氏も河野氏も菅首相と同じ自民党神奈川県連に所属しており、菅首相にとって派閥を持たなくても忠実な子分がいることになります。実際に小泉氏は元ニュースキャスターの滝川クリステル氏と結婚した時、安倍首相（当時）よりも先に菅官房長官（当時）に報告しました。「上司は自民党総裁である安倍首相ではなく菅長官」というわけです。

いずれにしろ将来の総理候補をおさえることは、菅首相にとっては権力の維持を確保する格好の手段です。仮に河野氏あるいは小泉氏が首相になった時にも、その背後で影響力を発揮することができるのですから。

平成研から総裁候補を出しにくいワケ

自民党が政権政党として日本の政治史に君臨し続けた源泉には、派閥間の権力争いというパワーがありました。

故・田中角栄《たなかかくえい》元首相の流れをくむ平成研は、かつては自民党を牛耳《ぎゅうじ》り、日本を支配してきた歴史を持っています。「一致結束箱弁当」と鉄の結束を誇っていた田中派から故・竹下登《たけしたのぼる》元首相が「経世会《けいせいかい》」を立ち上げ、それが平成研に発展。橋本《はしもと》政権や小渕《おぶち》政権を生み出し、青木幹雄《あおきみきお》氏が参議院を牛耳っていた時代の平成研はもっとも自民党らしい派閥といえました。

そのような輝かしい歴史を持つ平成研ですが、小渕恵三《おぶちけいぞう》元首相が死去して以来、総理総裁を出していません。また2009（平成21）年に額賀福志郎《ぬかがふくしろう》氏が会長に就任して以降、総裁候補すら出せていないのです。政界を引退した後もいまだ派閥内で権勢をふるう青木幹雄元自民党参議院会長らが、額賀氏の総裁選出馬を阻んだためです。

それでも長らく派閥の会長の座にいたのは、額賀氏の意地だったのかもしれません。しかしこれも、青木氏の指示で故・吉田博美《よしだひろみ》参議院自民党幹事長（当時）に引導を渡されてしまいます。その後継となったのが竹下亘《たけしたわたる》元総務会長ですが、74歳という年齢と癌を患《わずら》っているという健康状態から、総裁候補ではありません。

最有力は当選回数8回の茂木敏充《もてぎとしみつ》外務大臣ですが、派閥内外でいまいち人気がなく、会長代行に甘んじています。それでも派閥の会合では会長席に座るなど、茂木氏は存在感を誇示《こじ》していますが、茂木氏に続く当選6回の加藤勝信《かとうかつのぶ》官房長官が台頭しつつあります。9月16日に菅政権が発足した時、次期総理ポストとして注目された官房長官ポストを射止めたのが加藤氏で、茂木氏は外務大臣留任でした。

その茂木外務大臣が痛恨のミスをしたのが、2020(令和2)年11月24日に来日した中国の王毅《おうき》外相との共同会見でした。

共同会見ではまずホスト国が発言し、その後でゲスト国が述べることになっていますが、王毅氏が茂木大臣の後に一方的に尖閣諸島について言及したのです。

「一部の正体不明の日本漁船が頻繁に釣魚島(尖閣諸島の中国名)周辺の敏感な海域に入っている」「われわれの立場は明確で、引き続き自国の主権を守っていく。敏感な水域における事態を複雑化させる行動を避けるべきだ」などと、王毅氏は日本批判を展開。中国の領土である尖閣諸島を日本が侵奪しようとしていると述べたのですが、茂木大臣は王毅氏の側に立ってニヤニヤしていただけで、これに反論しなかったのです。

後に記者会見で茂木大臣は「共同会見では、主催国、相手国という順番で一度ずつ発言するというルールがあり、それに従った」と述べ、共同会見後に王毅氏に抗議したと弁明しました。しかし世論の批判はおさまらず、自民党の外交部会も12月1日、王毅氏の発言に対して「日本政府に強く反論するように要請する」とした決議文を茂木大臣に提出しています。

外務大臣就任時にアメリカのトランプ大統領から「タフネゴシエーター」と称された茂木大臣でしたが、これにはすっかり面目を失った形です。そもそも王毅氏との共同会見の時、茂木氏の頭の中に「国益」があったのでしょうか。そして「国益」とルールでは、どちらが大事なのでしょうか。そもそもルールとはＴＰＯに応じて使い分ける必要があります。大きな問題についてお行儀が良くルールを守るだけでは、リーダーとして失格だと言わざるをえません。

もし外務大臣が河野太郎氏なら、すぐさま王毅氏に強く反論したのではないでしょうか。河野氏は外務大臣だった２０１９（令和元）年7月、韓国との〝元徴用工〟裁判問題で日本が求めた仲裁裁判に韓国政府が応じなかった件について、南官杓駐日大使（当時）を呼んで抗議した時、なおも韓国の言い分を主張しようとした南大使の発言を遮《さえぎ》り、「極めて無礼だ」と一喝したことがありました。政治家にとって必要なのは、冷静さとともに何を最も重視しているかという価値観です。それが最もよく表れるのが、条件反射としての行動です。これだけは付け焼刃でごまかせません。

ハト派の元自衛官・中谷元元防衛大臣

そうした中で密かに注目している政治家が何人かいます。派手ではありませんが、堅実に国について考え、仕事をしている国会議員です。そうした真面目な姿勢は、本人がわざわざアピールしなくても自ずから見えてくるものです。

そのひとりが中谷元《なかたにげん》元防衛大臣です。

中谷氏は１９８０（昭和55）年に防衛大学を卒業後、陸上自衛官に任官。故・加藤《かとう》紘一《こういち》防衛庁長官や故・宮沢喜一《みやざわきいち》首相などの秘書を勤めた後、「世界の平和と発展に寄与できる日本をめざし、地元には高知県勢の浮揚と県民福祉の向上に尽くしたい」との志を抱いて1990（平成2）年の衆議院選で高知県全県区に出馬し、5議席中2位で当選しました。

第一次小泉内閣では防衛庁長官、第三次安倍内閣では防衛大臣兼安全保障法担当大臣を務めるなど、経歴を見るとバリバリの防衛族ですが、その思想は右派に偏っているわけではありません。そもそも所属しているのが谷垣禎一《たにがきさだかず》元自民党総裁を特別顧問とする有隣会《ゆうりんかい》。しかも『右でも左でもない政治　リベラルの旗』（幻冬舎、2007年）というタイトルの著書まであります。

要するに政治思想的な対立を乗り越えており、左右のバランスがいいのです。尊敬する政治家は立憲民政党のライオン宰相・浜口雄幸《はまぐちおさち》で、田中義一《たなかぎいち》内閣が進めた軍国主義化を引き戻し、金融恐慌や統帥権干犯問題で苦しんだものの、国際協調主義を採用した政治家です。

もっとも中谷氏の防衛についての考えは現実派で、防衛大臣として安全保障関連法を成立させ、党のミサイル防衛に関する検討チームのメンバーとして敵基地攻撃能力については抑止力としての効果を前向きに評価しています。また同盟国間で軍事情報の共有する意味を非常に重視しており、韓国がＧＳＯＭＩＡ破棄を表明した時に中谷氏は、「極めて残念で、大変非常識で、非常に理解に苦しむ、また失礼な決定でありまして、常軌を逸した決定ではないかと思う」と語気を強めて批判したこともありました。

総理の不祥事にも苦言を述べる

その一方で、政府や与党内の不祥事に対しても、口を閉ざすことはありません。森友学園問題や加計学園問題では安倍前首相にこびへつらう議員がいる一方で、中谷氏は安倍前首相に「あせらず、いばらず、うかれず、えこひいきせず、おごらず」の〝あいうえお〟を忠告。２０１７（平成29）年7月の都議選の応援でアンチの騒ぎにうんざりした安倍前首相が「こんな人たち」と述べた件についても、「家内（妻）の言うこと、厳しい意見、苦情、見解の異なる人、こんな人たち」の〝かきくけこ〟の意見を聞くようにと諫《いさ》めています。

また記者との賭け麻雀問題が露呈した黒川弘務《くろかわひろむ》前東京高検検事長の処分についても、「たとえ低額でも賭け麻雀というのは賭博でありまして、法の厳格な運用という部分においても、厳しい姿勢や処分が必要ではないかと思います」と述べ、防衛省では同じような事例では懲戒《ちょうかい》処分にしたことを引き合いにしてきっぱりと批判。長期政権が陥りやすいなれ合いに対して警告を発するという、重要な役割を果たしています。

党派を超えて

さらに中谷氏が党派を超えて国民民主党の山尾志桜里《やまおしおり》衆議院議員と、「対中政策に関する国会議員連盟」の共同代表を務めている点も注目する必要があります。これは香港での反体制的な言動を取り締まる中国の「国家安全維持法」から香港市民の権利保護を目指すもので、中谷氏は山尾氏から共同代表への就任を依頼されたのです。

きっかけになったのは、立憲民主党を離党したばかりの山尾氏が２０２０（令和２）

年4月3日に開催した自衛隊を巡る法整備について議論する集会に、中谷氏が参加したことでした。

この種の野党の議員の集会には参加したがらない自民党の議員が多い中、中谷氏がまったく拘《こだわ》りなく参加することを快諾《かいだく》したことに感動した山尾氏が、「それなら一緒にやりませんか」ということで議連を作る際に声をかけたとのことでした。

こうして見えてくることは、党派性や党利党略にとらわれないという中谷氏の政治姿勢です。しかし現実の政治の現場では、自己保身のために党利党略を優先する政治家は少なくありません。そうした政治家にとっては、国益とは建前にすぎず、国民は自分の出世のための手段に過ぎないのです。

そもそも憲法が定めるように国会議員がひとりの政治家である以上は、他の政治家と全く同じ考えはありえず、本意に反してそれに従う必要もありません。ましてや大物政治家に媚《こ》びを売る必要なんぞ、これっぽちもないのです。

国家国益、そして国民の幸せを優先するのかどうかは、上に対してものを言えるかどうかで計ることができます。そのような政治家を選ばない限り、日本の政治は良くなる保障はありません。

見えてこない菅首相の国家観

そのような方向性を維持しながら、政治家にとって最も大事なことは、政治信念を持つことです。そして国政を担う政治家の場合、国をどうしていくべきかという国家観が最も重要です。

ところが菅首相には確固たる国家観が見えてこないのです。安倍前首相の持病である潰瘍性大腸炎の悪化が囁《ささや》かれ、「第一次政権時と同様に、今度も投げ出しか？」と言われていた時、筆者がなかなか菅首相の出馬をイメージできなかったのはそれゆえでした。

もっとも、菅首相が保守政治家であることは明白です。秋田県の農家出身であること、最初に政治に関わったのが自民党の国会議員の事務所であり、菅首相自身が市議からのたたき上げである経歴から、リベラルであるはずがありません。

また官房長官時代には会見で、韓国や北朝鮮の問題に対して一般国民が抱きがちな嫌悪感のようなものを垣間見せたこともありました。しかしそれ以上でもそれ以下でもなかったのです。

北朝鮮による拉致問題についても官房長官時代に担当大臣を務めたものの、父・安倍晋太郎氏の秘書時代から取り組んできた安倍前首相とは、拉致被害者家族との距離感など、どうしてもその差を感じざるをえないのです。そもそも菅首相の頭の中には、日本地図しかないのではないかとの疑問もあります。「俯瞰《ふかん》」という言葉が好きで、日本学術会員のメンバーの選定も、〝総合的俯瞰的に判断〟した菅首相ですが、地球儀や世界地図を俯瞰したことがないのではないでしょうか。これは政治をどう見るかという視野の広さの問題です。

たとえば9月16日の総理大臣就任会見で、菅首相は次のように述べています。

政権発足前には1ドル70円台、株価は8000円台で、企業が日本で経済活動を行えるような状況ではありませんでした。現在は、この新型コロナウイルスの中にあっても、マーケットは安定した動きを見せています。

安倍政権発足以来、人口が減少する中でも就業者数は約４００万人増えました。そのうちの３３０万人が女性です。全ての都道府県で有効求人倍率１を超えることができました。すなわち、働きたい人は全て働くことができるような環境をつくったのです。バブル崩壊後、最高の経済状態だったのですけれども……

確かに安倍政権になって円は安くなり、株価は上がりました。コロナ禍でもマーケットは暴落していません。就業者数は増え、有効求人倍率も上がりました。社会で働く女性も増えています。

それでは我々はより豊かになったのでしょうか。確かに日本国内にいる限り、たいした不便はありません。では国外に出たらどうでしょうか。

日本人は貧しくなった

2000（平成12）年前後までは、海外に行くと現地の物価が安く感じられました。ところが現在では日本国内で買う方が安いのです。海外に出て改めて、我々は日本が貧しくなっていることを痛感せざるをえないのです。

実際に日本は2010（平成22）年、GDPで中国に追い抜かれて世界3位になっています。3位といっても、2位と肩を並べた3位ではありません。IMFの調査によると、2019（平成31）年の中国のGDP（ドル建て）は14億1401万6000ドルで、日本（5億1544万8000ドル）のほぼ3倍と、大きく引き離されています。

では1人あたりのGDPはどうでしょうか。1988（昭和63）年の日本の1人あたりのGDPは世界2位でしたが、IMFによる2019年の調査では日本は25位となり、マカオや香港、シンガポールに負けています。

そもそも中国など近隣諸国から買い物客がやってきて、インバウンド効果が期待できるのも、日本の物価が安いからなのです。反対に、日本人が海外に行くと、ものが買いづらくなっています。もはや日本は先進国ではなく、中進国になり果てているといっても過言ではないでしょう。

実質的に日本は世界に遅れをとっています。そもそも2020年（令和2）11月23日に菅首相が提案した「デジタル庁に多数の外国人を採用する」というものは、その際たるものではないでしょうか。

とりあえず海外から優れた人材を登用するという考えは良いとしても、なぜ国内でそのような人材を育成できなかったのでしょうか。日本でも2020年度から小学校でプログラミング教育が導入されましたが、時期が遅すぎる上、付け焼刃に過ぎないという批判もあります。

その意味では日本はもう、あらゆる意味で後進国かもしれません。台湾では唐鳳デジタル大臣が指揮をとり、新型コロナウイルス感染症の封じ込めに目覚ましい効果を挙げました。人口2400万人の台湾にはそうした人材がいて、人口1億3000万人の日本にいないということは、日本の国力自体が衰退している以外にありません。

にもかかわらず「我々は最高の経済状態を作った」と言えるのでしょうか。

2020(令和2)年11月25日の参議院予算委員会で、国民民主党・新緑風会の上田《うえだ》清司《きよし》議員は次のように述べています。

「日本を除く各国は全部右肩上がりですけれど、日本だけがほぼ平行の状態であります。ドルベースで見た場合、GDPは増えていない。これでもって『最高の状態』というのは、役所の作文ではないでしょうか」

これについて菅首相は、有効求人倍率の改善や地方の地価の上昇をもって、「経済的な立て直し」と主張していますが、いまいち説得力がありません。

実はこれは菅首相が官房長官時代に、筆者が会見で何度か質問したことです。有効求人倍率の上昇(及び失業率の下降)は少子高齢化が主な原因ではないのか。本当に労働市場が改善しているのなら、受給と供給の関係で賃金が上昇しなくてはいけませんが、実際にはそうはなっていません。

自民党議員でさえアベノミクスを批判

こうした疑問は自民党内でもあるようで、斎藤健《さいとうけん》元農水大臣も同年11月25日の衆議院予算委員会で次のように述べています。

「……アベノミクスの立て直しということがあったのですが、我が国は競争力を失いつつあることを憂慮しています」

斎藤氏はＧＡＦＡ（Ｇｏｏｇｌｅ、ａｍａｚｏｎ、Ｆａｃｅｂｏｏｋ、Ａｐｐｌｅ）の４社とＮ（Ｎｅｔｆｉｌｉｘ）の株価時価総額が７４２兆円にものぼる一方で、日本の一部上場企業２０００社以上の株価時価総額を足し合わせても６５０兆円しかならず、これらにはるかに及ばない事実を公表。日本の会社が世界のトップランキングに名前を連ねていた30年前と比べて、「この間、どこかで道を間違ったのではないか」と疑問を呈しています。

もっとも斎藤氏は「政府は無策だったのかというと、そうではない。小渕政権の時には財政出動で努力し、小泉政権ではサプライサイドの改革に突っ込んできた。安倍首相になってから〝異次元の金融緩和〟を行ってきた」と述べ、過去の自民党の政策を評価しました。生産性が上昇しないのは政策ではなく、日本の企業のトップが高齢化しており、就任期間が短く、若い人と交代するタイミングが遅いことに帰結させています。

確かにそういう点があるかもしれません。現在の新しいテクノロジーの採用には、若くて優秀な経営者の方が利点でしょう。たとえばGoogleを創業したラリー・ペイジとその共同経営者であるセルゲイ・ブリンはともに1973年生まれです。Facebookの創始者であるマーク・ザッカーバーグに至っては1984年生まれ。アメリカではこのような若手経営者がどんどん生まれ、大きな成功を収めています。

中国も例外ではありません。通信販売で躍進する京東のCEOである劉京東やアリババのCEOをジャック・マーから継いだダニエル・チャンも同じ世代です。

しかし日本の停滞の主な原因は経営者の年齢ではありません。むしろここ30年を見ると、日本全体が低生産性体質へと進んできた傾向を見る限り、教育の問題が大きいのではないのでしょうか。

教育にもっと投資を

開国以来、富国強兵を旗印に、国民の均質的な教育を基本としてきた日本でしたが、１９７０年代後半になると、校内暴力や落ちこぼれ、学級崩壊など教育面での問題点が目立ってきました。原因とされたのは暗記偏重の詰め込み教育で、それでは人間性を育まず、総合力を生み出さないとされたのです。

そこで生まれたのが、習得単位や科目履修時間を減らした「ゆとり教育」でした。知識の詰め込みから人間性の育成に重点を移したものの、学力低下という結果になったのです。

それが判明したのは、２０００（平成12）年にＯＥＣＤが進めている学習到達度調査ＰＩＳＡ（Programme for International Student Assessment）というシステムを導入した時でした。ＰＩＳＡは15歳児を対象に、読解力、数学的リテラシー、科学的リテラシーの3分野での能力を計るものですが、国際的に日本の生徒の学力低下が示され、政府は大きなショックを受けたのです。

にもかかわらず、政府がようやくその是正に着手したのは、2007（平成19）年に第一次安倍政権下で作られた教育再生会議でした。しかし「ゆとり教育」を受けた「ゆとり世代」の多くには、さらなる悲劇が訪れます。まさに社会に出ようとした時、リーマンショックに見舞われたのです。

アメリカ発の金融恐慌であったにもかかわらず、リーマンショックの後遺症をどこよりも深く、どこよりも長く患ったのは日本でした。これにより、多くの若者が希望の職にありつけず、非正規雇用に甘んじなければならなかったのです。

ここで重要なことは、バブル崩壊後に日本人の海外留学生の数が激減したことと重なることです。たとえば1997（平成9）年には4万7073人がアメリカに留学していましたが、2014（平成26）年には1万9064人と、半分以下になりました。

一方で、中国や韓国は多数の若者を送り出しています。2016（平成28）年度～

２０１７（平成29）年度のハーバード大学・大学院への入学者は、中国人留学者は９２１人で、韓国人は３０５人。これに比べて日本はわずか１０７人でした。

かつては欧米の大学院でＭＢＡを取得することがキャリアアップのステップとして人気だったのですが、企業も家庭も余裕がなくなったのでしょう。しかし「余裕」ばかりが問題でしょうか。「人を育成する」という考えが企業になくなったのではないでしょうか。

日本経済の立て直しは、目先の有効求人倍率や失業率のみならず、教育を基礎としたところから始めるべきでしょう。

なぜ日本はリーマンショックから立ち直れなかったのか

なぜ日本の経済は立ち直れないのか。バブル崩壊は自業自得としても、どうしてアメリカ発のリーマンショックの影響を、日本だけが長らく引きずらなければならなかったのか。そしていまだ低成長に甘んじなければならないのか。それがここ10年あまり抱いてきた疑問でした。

光明が差した思いをしたのは、文藝春秋2020年12月号の巻頭論文「亡国の改革至上主義」を読んだ時でした。「2004（平成16）年の労働者派遣法改正では、製造業にも派遣労働者が解禁されたから、2008（平成20）年のリーマンショックまでの4年間に、派遣労働者は170万人も増加した。逆にリーマンショック後の4年間には、150万人の急減を見た。この改正が、派遣労働者を景気の調整弁とする、という主旨のものだったことを、如実に物語っている」と、作家で数学者の藤原正彦《ふじわらまさひこ》氏は書いています。これを読んで「なるほど」と膝を打ちました。要するに労働者はいつの間にか「人」ではなく、「労働力の単位」とされていたのです。

2008（平成20）年のリーマンショックが日本由来のものではなかったはずなのに、最も深刻に経済が影響を受け、長らく不景気に苦しんだ理由はまさにこれだったのではなかったのでしょうか。もちろん職を替えるのも、どういう働き方を選ぶのも、それは個人の自由です。しかし本人が選んだからといって、その結果が景気の調整弁として打ち捨てられるものであってはいけません。しかもそれが効率化追及のために制度化されたというなら、とんでもないことです。

もし正規雇用で労働者が守られていたら、内需はさほど減少することなく、経済の復活は早かったのではなかったのではないでしょうか。また生活が安定すれば、結婚することもでき、子供も産むことができますが、そうでなければ将来の設計もままなりません。

経済が円熟するとどうしても少子化傾向になりがちですが、それをいびつな方向に向けた根源が小泉改革ではなかったのでしょうか。あの時、むしろ国内の産業を守り、国の底力を上げる方策を取るべきでした。

いずれにしろ、多数の国民の人生をずたずたにしたことに間違いありません。

アベノミクスを継承せず

「経済の再生は引き続き政権の最重要課題です。金融緩和、財政投資、成長戦略、三本を柱とするアベノミクスを継承して、今後とも一層の改革を進めてまいります」

自民党総裁に選出された時の挨拶で、菅義偉氏はアベノミクスの継承を宣言しています。しかし菅首相は本当に、アベノミクスを継承するつもりなのでしょうか。

アベノミクスとは、デフレ、低経済成長率、財政赤字への構造的依存という日本経済の抱える課題に対処するため、①大胆な金融政策、②機動的な財政政策、③民間投資を引き出す経済成長戦略の「3本の矢」を指します。

そのアベノミクスを支えてきたのが2016（平成28）年に設置された首相直属の「未来投資会議」で、議長は安倍前首相が務め、毎夏に「成長戦略実行計画」をまとめてきたのです。そして7月にはメンバーを増員し、新型コロナウイルス感染症の蔓延に備えた今後の対策について、議論を開始したばかりでした。

しかし菅首相はこれを廃止し、新たに成長戦略会議を結成しました。未来投資会議は安倍政権を牛耳っていた経済産業省のカラーが強かったため、経済産業省出身の今《いま》井尚哉《いたかや》補佐官と関係が良くなかった菅首相が嫌ったのでしょう。

そして2020（平成2）年10月16日に召集した成長戦略会議の主旨は「経済財政諮問《しもん》会議が示す経済財政運営と改革の基本方針等の下、わが国経済の持続的な成長に向け、成長戦略の具体化を促進する」で、議長は加藤勝信内閣官房長官が務め、副議長は西村康稔《にしむらやすとし》経済再生担当大臣と梶山弘志《かじやまひろし》経済産業大臣が担当することになりました。注目されるメンバーが、竹中平蔵《たけなかへいぞう》慶應義塾大学名誉教授とデービッド・アトキンソン株式会社小西美術工藝社代表取締役です。竹中氏は総務大臣時代に菅首相が総務副大臣を務めた関係があり、首相に就任してわずか2日後の9月18日に、ホテルオークラのレストランで一緒に朝食をとっています。

竹中平蔵の言い訳

こうしたことから、「菅首相の裏には竹中氏がいる」と言われてきました。実際に彼らがかつて総務大臣（竹中氏）と副大臣（菅首相）という関係から、菅首相が竹中氏の主張を受け入れること容易に想像できます。

その竹中氏は２０２０（平成２）年11月28日深夜（29日未明）の朝まで生テレビで、前述の藤原正彦氏の論文を取り上げられた時、次のように弁明しています。

正規労働が守られすぎているからですよ。これは1979（昭和54）年の東京高裁の判例で、正規雇用というものは首を切れないんですよ。首を切れない社員なんて、雇えないんですよ。それで非正規というのをだんだん増やしていかざるをえなくなったんですよ。

これ、小泉内閣でやったと言っていますけれど、違いますよ。1980年代後半からずっと増えてきていますよ。それでさっき言った所得の格差というか、そういうものが、小泉内閣の時は所得の格差は下がっているんですよ。そういう事実を何百回も説明しているのに、みんな同じことばかり言っている。

それで賃金が上がらないといけないわけですよね。賃金というのは労働生産性に対して支払われるんですよ。だから労働生産性が高まらない限り、おカネは天から降ってこないんですよ。

労働生産性を高めるにはどうしたらいいかというと、生産性の低いところから生産性の高いところに、おカネや人や資源が移らなければいけないし、そしてそれに対して労働市場がもっともっと流動化しないといけない。それが正規雇用という世界の中では非常に特殊な雇用ですよ、これ。ずっと企業が抱え込まなくてはいけない。だから生産性がいつまでも高まらない。

確かに生産性の低いところから生産性の高いところにおカネや人や資源を移せば、それだけ生産は高まります。では正規雇用制度を採用していたかつての日本企業は、労働生産性が低いままだったのでしょうか。彼らは自らの労働生産性を高めていなかったのでしょうか。

終身雇用制の下で日本企業が行っていたのは、ＯＪＴでした。仕事をしながら教育し、その労働生産力を高めるという方法です。誤解を恐れずに言うならば、会社と運命を共にするという制度です。

もっともそれになじまない人もいるでしょう。時代とともに産業も変わっていくのは当然です。ですから、労働力を自由に移動させる必要があります。

しかし働く人が定着してこそ、生まれる仕事もあるのです。「あの人がいるから、あの会社に仕事を頼もう」ということも多々あります。そして「あの人から受けた仕事だから頑張ろう」ということも。そうした人的信用を重んじる社会も、いまだ存在しているのです。だからこそ、日本の経済は強かったのではなかったのでしょうか。

なにより非正規雇用では、他に雇用がない時に労働者を守ることはできません。またそもそも「中抜き」がなければ、労働者の所得も多くなるはずです。自由な労働市場の形成を口実に、労働者から搾取《さくしゅ》が行われているということも現実です。

そうした日本最大の人材派遣会社であるパソナの会長を務めるのは、ほかならぬ竹中氏です。

その竹中氏に頼るのが菅首相のスガノミクスという次第です。菅首相がやろうとしている中小企業改革や地銀の再編は、郵政民営化など日本人の富をハゲタカファンドに狙わせた小泉改革を彷彿《ほうふつ》とさせます。

竹中氏と同じく批判の対象になっているのは、アトキンソン氏の登用です。アトキンソン氏のアドバイスに従って菅首相はインバウンドに力を入れましたが、それには日本が近隣諸国より貧しくなければならないのです。これでは日本が切り売りされてしまうことになりかねません。

日本をダメにする菅首相のブレーンたち

またアトキンソン氏は「日本は、2060年までに中小企業の数を現在の半分以下、160万社程度まで減らすべきである」といういわば中小企業害悪論を持論していますが、これも乱暴な話でしょう。

我が国の企業数358・9万社のうち、その99・7%を占めているのが中小企業です。従業者総数4679万人のうち、68・8%が中小企業で働き（以上2016年）、付加価値額255・6兆円の52・9%を産出しています（2015年）。

さらに世界市場で勝負できる先端技術や地域の文化の担い手や多様な資源の活用主体になっている企業も少なくありません。いわば中小企業が日本経済の基盤を支えているといって過言はないのです。

しかも中小企業の問題は、おおまかに2種類に分類されます。優良な企業の後継者不足問題とそうではない企業です。前者の場合は存続させるべく尽力すべきです。そして後者の場合は自然淘汰《しぜんとうた》に任せるべきではないでしょうか。

また生産性だけで推し量れない問題も出てきます。たとえば文化的な価値を生み出す産業などは、生産性だけを追及するのは困難です。効率性だけで経済を動かそうとすると、文化が滅びかねず、さらには国が滅んでしまうのではないでしょうか。

地銀再編も同様です。経営不振は国策によって行われた超低金利政策であって、地銀の責任でありません。そもそもバブルが崩壊した時、不動産投機に加熱した都市銀行よりも、地道な営業を重ねていた地銀の方が経営状態は良かったのです。しかし地方経済の衰退もあって、地方銀行の経営が危うくなったのです。これまで付き合っていた地銀を潰《つぶ》して、いったい地方の企業はどこに資金を借りればいいのでしょうか。

もっとも地銀再編推進派は、地銀の統廃合により経営体質を高めることで、より良い事業案や商品・サービスを提供できると主張します。ところが再編にはいったん地銀が精算する必要があり、その場合には資金を貸していた地元企業に対する貸しはがしが起こりかねません。しかも新たな地銀と地元企業との信用関係はどうなるのでしょうか。

そうした要素を省みず、ただ効率性を追求するのはどうなのでしょうか。たとえば九州最大手のふくおかフィナンシャルグループと長崎県内では最大手の十八銀行が2020（令和2）年10月1日に経営統合しましたが、公正取引委員会の審査が長引き、当初の統合予定より2年半遅れています。というのも、すでにふくおかフィナンシャルグループは長崎県内の親和銀行を傘下に置いていたため、十八銀行が統合すれば県内の融資シェアが7割にも上るため、独禁法に触れる可能性があったからです。11月に同一県内の地銀再編を独禁法の例外とする特例法が施行されたため、統合が可能になったわけですが、ただ淘汰すればいいものではありません。

ナベツネも批判した竹中改革

このようなラディカルな改革に対する危機感は、以前にもあったようです。讀賣新聞社主の渡辺恒雄《わたなべつねお》氏は2006（平成18）年1月に、日本記者クラブの「取材ノート」に次のように寄せています。

竹中氏の金融再生プランは、後に日本振興銀行という怪しげな銀行の創立者となった木村剛《きむらたけし》氏のイデオロギーに基づくとされているが、あまりラディカルなので、大手銀行の中に株価100円を割るものが続出し、金融パニック寸前となった。最近では、木村氏は竹中氏からブレーンの座を追われたと聞く。

さすがに、自民党実力者たちの反攻で、竹中氏も、その金融再生プランの柱であった大手銀行の繰り延べ税金資産の自己資本算入を、5年分から一挙に1年分に縮小するという政策を放棄した。そのおかげで、大手5行の株価は、今日、当時の10倍前後にも上昇・安定軌道に乗った。

なお木村剛氏は日銀マン時代には「織坂豪」というペンネーム、日銀退職後は本名で日本経済を描いて次々とベストセラーを飛ばし、一時は「時代の寵児《ちょうじ》」としてもてはやされました。しかし彼が設立した日本振興銀行は2010(平成22)年6月7

日に金融庁から４か月間の一部業務停止命令を受け、同年９月に破綻しています。木村氏は２０１０年７月14日に警視庁捜査２課に銀行法違反で逮捕されていますが、その後の消息は聞こえてきません。

安倍外交と比べると……

経済問題と同様に、いや経済問題以上に懸念《けねん》があるのが、外交問題への取り組み方でしょう。

かつて何度か菅官房長官会見で、北朝鮮による拉致問題、および慰安婦や〝元徴用工〟問題など韓国の歴史認識問題について質問してみたことがありました。確かにミサイル発射を辞さない北朝鮮の金正恩《キムジョンウン》委員長に対して嫌悪感を示すなど、保守政治家としての感覚は見えています

しかし故・中曽根康弘《なかそねやすひろ》元首相や安倍普三前首相のような国家観までには至っていません。安倍政権を踏襲するとする菅政権では、外交面でも方針の変化はないでしょう

が、確たる国家観なくして複雑極まる世界情勢の変化に対応できるのでしょうか。

一方で安倍普三前首相はもともと国家観をしっかりと持っていた政治家といえるでしょう。もっとも政治家の家に生まれ育ち、祖父は総理大臣を務め、父も外相という環境から考えても、国家観が養われないはずがありません。

では安倍前首相の国家観を作り上げたものは何かと考えれば、そこには偉大な祖父である故・岸信介《きしのぶすけ》元首相の影響を見ることができます。安倍前首相といえば、「戦後レジュームからの脱却」や「憲法改正」ですが、いずれも岸のDNAを感じ取ることができるのです。

またそれらは独立国家として十分に、外国にアピールするものでした。いやむしろ、現代だからこそ、こうした国家観を積極的にアピールしなければならないのです。

かつて「日本は経済は一流だが、政治は二流」と揶揄《やゆ》されていましたが、もはや日本経済は一流とはいえません。何より経済のみを追求するだけでは、国家として成り立たなくなっているのです。

すなわち、国家としてのプライドを他国に示し、強い日本を提示していかなければ、日本はどんどん世界に遅れていくでしょう。それればかりではありません。侵奪《しんだつ》さえされかねないのです。

隙あらば付け込んでくる中韓

現に中国は尖閣を狙うだけではなく、日本を侵奪しようとしています。

１９９２（平成４）年に中国が制定した「領海法」では、尖閣諸島や南沙諸島《なんさしょとう》、西《せい》沙諸島《さしょとう》の領有ばかりではなく、東シナ海の大陸棚の自然延長を理由に、台湾や沖縄近海までの領有を主張しています。さらに第２列島線により、大きく日本列島を含む形で西太平洋の中国海軍の支配下に置くことを示しているのです。

また韓国も、慰安婦問題で日本の名誉を貶めるのみならず、国際法を無視して日韓請求権協定をないがしろにし、日本に対して「戦後賠償」を二重取りしようとしています。

こうした現実問題に対し、毅然とした態度で自国の主張を述べ、国際世論を味方に付けるためには、政治家としての高い見識と深い愛国心がなければ不可能でしょう。

そのためにはどうすべきか。先進国の首脳と対等に渡り合い、意見を述べて納得させる力量が必要でしょう。また高度なロジックで、相手国の利害関係にあえて乗り込み、自国の利益を認めさせなければならないこともあるでしょう。

安倍前首相が退陣して間もなくのことです。ある議員が首脳外交について次のように話してくれました。

「外交というのはいまだ欧米諸国が中心で、彼らの多くはいわゆる〝貴族階級〟だ。だから互いに直接話もできるし、やりとりも可能。その意味では安倍前首相も〝貴族〟と見なされ、受け入れられていた。でも菅さんは〝貴族〟ではない。外交ができるかどうかはわからない」

コロナウイルスに助けられた？

では菅首相はそのような外交が可能なのでしょうか。

ここで重要なことは、もし新型コロナウイルス感染症が蔓延していなかったら、菅首相は9月には国連で演説に立ち、11月にはG7参加という国際舞台に押し上げられざるをえなかったことです。その場合の国際会議での席順はどうでしょうか。また菅首相はオフの時間に、他の首脳たちと直接会話をかわせるのでしょうか。

参考になる例があります。菅《すが》ではなく、民主党の菅直人《かんなおと》元首相が総理大臣就任3週間で、G8サミットに出席した時の話です。これを報じた2010（平成22）年6月27日の讀賣新聞の記事を引用します。

菅首相ぽつん、外交苦手克服へ準備したのに……

就任3週間となる菅首相が、25日に開幕した主要8か国（G8）首脳会議（サミット）で外交デビューを果たした。これまでの政治生活で海外との接点が少なかっただけに、首相は周到な準備で国際舞台に臨んだが、さっそく「新参者」の悲哀も味わっているようだ。

【溶け込めない】

25日昼下がり、サミット会場のリゾートホテルの庭で、それは起きた。集合写真の撮影を終えたG8首脳らは、オバマ米大統領らを中心に談笑を始めた。ところが首相は一人だけ輪に入れず、笑みを浮かべてぽつねんと立ち尽くすだけ。首相同様、今回がサミット初参加のキャメロン英首相がすんなり溶け込んだのに対し、菅首相は言葉の壁などもあって一歩踏み出せなかったようだ。首相就任にあたって自ら「外交的発言が少ない」と認めたように、首相には「外交は苦手」（周辺）という意識があるという。最近の首相経験者が小泉純一郎、安倍晋三、福田康夫《ふくだやすお》、麻生太郎、鳩山由紀夫《はとやまゆきお》の各氏とも、留学や海外生活を経験して外国人の知人も多く、外交問題一家言《いっかげん》あったのとは対照的だ。

【専門家が指南】

首相は、鳩山前政権で副総理だったが、難航した沖縄の米軍普天間《ふてんま》飛行場移設問題では積極的に関与せず批判を浴びた。しかし、「ポスト鳩山」を強く意識し始めた今春ごろには「誰が次の首相になっても日米関係の修復は大変だ」と周囲に語るなど問題意識を持ち始めた。めぼしい日米関係の専門家の評判を聞いて回るなど、苦手意識克服に向けた下準備を進めていた。

菅《すが》首相も菅《かん》元首相と同様に、留学経験もなければ、海外生活の経験もありません。もっとも菅《すが》首相には横浜市という外国の雰囲気があふれる町で地方議員として活躍した経験がありますが、とはいえ英語に堪能だとも聞いていません。しかも国際会議の席順は就任した順で決められ、総理大臣に就任したばかりの菅首相は、集合写真を撮影する際には、最も脇に押しやられてしまいます。

そのような菅首相を、国民はどうしても外交の舞台でスタイリッシュに振る舞った安倍前首相と比べてしまうでしょう。しかしロシアのプーチン大統領に「ウラジミール」と呼びかけ、アメリカのトランプ大統領から「シンゾー、どう思う？」とアドバイスを求められるだけが外交ではありません。むしろ菅首相には、安倍外交を超える独自外交を展開しすべきではないでしょうか。たとえば2020（令和2）年11月17日と18日に来日したオーストラリアのスコット・ジョン・モリソン首相です。

オーストラリアとの関係を深めるべきだ

日本とオーストラリアは自由、民主主義、人権、法の支配などの基本的価値と戦略的利益を共有する「特別な戦略的パートナー」である一方、「自由で開かれたインド太平洋」を実現していく利益を有しています。ともにアメリカと同盟関係を結んでおり、中国との経済的な結びつきは大きいのですが、中国から脅威を受けている点でも共通しています。

とりわけ日豪間の安全保障・防衛協力を推進するために、相手国にオーストラリア軍や自衛隊が一時滞在する場合の法的扱いを定める円滑化協定を早期に成立させることは、両国の関係を深めると同時に、中国の脅威に対抗するという意味で非常に重要です。

そのオーストラリアは新型コロナウイルス感染症について、中国・武漢市に調査団を派遣して徹底的な現地調査を行うべきと主張したら、中国からオーストラリア産の大麦や牛肉に高率な関税をかけられたり、石炭輸入を停止されるという嫌がらせを受けました。また中国共産党の機関紙である人民日報系の「環境時報」の胡錫進《こしやくしん》編集主幹は、「オーストラリアは靴底にこびりついたチューインガムのようなもので、石を探してこすり取らざるをえない」と中国版Ｔｗｉｔｔｅｒである「微博《ウェイボー》」に書き入れたことがあります。

こうした中で、共に中国から脅威を受ける日本と関係を強化しようと思うのは当然です。その切実さは、２０１６年11月のアメリカ大統領選でトランプ大統領が当選した時の日本政府にも似ています。ヒラリー・クリントン氏の勝利を前提とした報告しか受けていなかった安倍官邸は、すぐさまあらゆる手段を使ってトランプ側と接触。安倍前首相は世界に先駆けて大統領就任前のトランプ氏に会ったのです。

モリソン首相が菅首相に「これから『ヨシ』と呼ばせてもらう。私を『スコモ（スコット・モリソンの愛称）』と呼んでほしい」と述べ、個人的な関係を深めることを求めたことも、当時のトランプ大統領に対する安倍前首相とそっくりです。

何より帰国後間もなく国会が開会される予定にもかかわらず、14日間の隔離期間とその間の国会へのネット出席という不便さを甘受しても、日本の新しい首相に真っ先に会いに来てくれたモリソン首相は、日本にとって非常に力強い味方になってくれるに違いありません。

トップには「国を憂う」という思い入れが必要

かつて衆議院赤坂宿舎の裏側の小高い丘の上に、「佳境亭」という小さな料亭がありました。女将さんの故・山上磨智子さんは、戦後まもなく女優を目指して長野県から上京しました。

しかしそれだけでは食べていけないために新橋でお店を開き、赤坂に移転。やがて政財界や芸能界の関係者が常連となったのです。山上さんは故・三木《みき》武夫《たけお》首相との関係で、永田町に知られた女性でした。

その山上さんから次のような話を聞いたことがあります

昭和35年のある夜、電源開発社長の藤井崇志さんが見えたの。藤井さんは岸首相の親友なんだけれど、ひとりでお酒を飲みながら泣き出し、「今、岸が狸穴《まみあな》に行った。命を捨てに行ったんだ」とおっしゃったの。

当時は東西冷戦真っ最中で、日本とすれば米ソ両国ともにとるのは不可能な時代だったのです。同時に、米ソ両国から距離を取ることも不可能で、どちらかの側に組み込まれなければ、双方から潰《つぶ》されかねないという危険性がありました。

その中で日本の首相だった岸信介がアメリカを選んだのは、時の政権としてもっとも妥当な選択だったに違いありません。

しかしその選択ですら、決して楽なものではありませんでした。

１９６０（昭和35）年の改正日米安保条約の成立により、日本の国内に引き続き米軍が駐留することが決定されました。冷戦が激しく展開されていた時代です。ソ連はこれに反発し、さっそく1月27日に「対日覚書」を出してきたのです。次がその覚書です。

ソ連邦は、極東における平和機構を阻害し、ソ日関係の発展にとって支障となる新しい軍事条約が、日本によって締結せられるような措置を黙過《もっか》することはもちろんできない。この条約が事実上日本の独立を失わしめ、日本の降伏の結果日本に駐屯している外国軍隊が日本領土に駐屯を続けることに関連して、歯舞《はぼまい》及び色丹《しこたん》諸島を日本に引き渡すというソ連政府の約束の実現を不可能とする新しい事態がつくり出されている。

平和条約調印後、日本に対し右諸島を引き渡すことを承諾したのは、ソ連政府が日本の希望に応じ、ソ日交渉当時日本政府によって表明せられた日本国の国民的利益と、平和愛好の意図を考慮したがためである。しかしソ連政府は日本政府によって調印せられた新条約が、ソ連邦と中華人民共和国に向けられたものであることを考慮し、これらの諸島を日本に引き渡すことによって、外国軍隊によって使用せられる領土が拡大せられるがごときことを促進することはできない。よってソ連政府は、日本領土から全外国軍隊の撤退 及びソ日間平和条約の調印を条件としてのみ、歯舞及び色丹が１９５６（昭和31）年10月19日付ソ日共同宣言によって規定されたとおり、日本に引き渡されるだろうということを声明することを必要と考える。

もっともそれ以前から、米軍は日本に駐留していたのです。よって、いまさらソ連が文句を言う筋合いはないのですが、こうした反応を見ると「米軍が撤退した後の日本を、親ソ国家にしたてあげよう」という魂胆がソ連側にあったのではなかったかと穿《うが》つことも可能です。

しかし改正日米安保条約がソ連に北方領土返還拒否の口実を与えてしまったことは事実です。そして北方領土問題は、何も進展せずに60年が過ぎてきました。北方領土に取り組んだ安倍前首相の熱意の中は、時代によって究極の選択を迫られた亡祖父の決意に対する思いも含まれていたに違いありません。

国には様々な歴史があります。その中で「国を憂《うれ》う」というのは、それまでの歴史を踏まえて過去を正そうという思いではないでしょうか。政治とはいきなり始まるわけではなく、過去から脈々と受け継いでいくもので、古い昔の事実がいまなお生きているという世界です。

だからこそ、国のトップには「国を憂う」という思いが、骨までしみとおっていなければいけないのです。菅首相もそのような安倍前首相の近くで、外交の現場を見てきたでしょうが、こうした歴史的背景まで感じ取ってきたのでしょうか。むしろ、安倍外交の外側だけを見て、右派に受ける要素を取り入れているのではないかという懸念さえあるのです。

首脳外交を展開できるのか

菅首相が引き継ぐべきもうひとつの安倍レガシーに、首脳外交の展開があります。7年8か月にわたる第2次安倍政権は、「安倍普三」という政治家を国際政治の舞台の真ん中に押し上げました。

バラク・オバマ米国大統領とはケミストリーが合わなかったものの、ドナルド・トランプ米国大統領からは、他のどの国のトップよりも深くて固い信頼感を獲得しました。たとえばそうそうたる各国の首脳が集う国際会議で、他の首脳と意見が違うトランプが安倍首相の言うことには耳を傾けるというシーンがよく見られたのです。

たとえば、他の首脳の主張がどうしても納得できないトランプ大統領が「シンゾー、どう思う？」と尋ねると、安倍首相がトランプ大統領に丁寧に説明。そうすると、「シンゾーがそう言うなら」と、トランプ大統領が納得するのです。

こういうシーンを何度も見せられては、安倍首相の国際的立場が高まらないはずがありません。そればかりではありません、在任期間の長さでが席順が決まる国際会議では、ドイツのメルケル首相の次に長いということで中心に座り、これも存在感を高めることになりました。首脳外交は現在の貴族外交です。その舞台の中心に立とうとすることは至難の技でしょう。

戦略が成功しただけなのか

そうしたことが2020（令和2）年9月14日の総裁選で考慮されたのでしょうか。自民党総裁を決めてきたのは、国会議員による投票です。

今でこそ地方票（党員票）が加えられるようになりましたが、それでも党員票が自民党総裁を決定的に決めたのは、小泉純一郎総裁を誕生させた2003（平成15）年の総裁選くらいでしょう。田中真紀子《たなかまきこ》元外相と組んだ渋谷駅前交差点での街宣には、2人の姿をひとめ見ようと多数の人が埋め尽くし、まさに伝説となりました。あれほど多数の人が一度に政治家の演説に聞き入ったのは、それ以前もそれ以後もありません。そうした国民の意思が流れを作り、党内基盤の弱かった小泉氏を当選させたのです。

下野した自民党の復権をかけた2012（平成24）年9月の総裁選では、5人の候補の中で石破茂氏の人気が断トツでしたが、それでも石破氏は第一回目の投票で過半数を制することはできませんでした。同日に行われた第二回目の投票では議員票のみで行われ、安倍前首相に負けています。

そして２０２０（令和２）年９月の自民党総裁選は、党大会に代えて行われる臨時のものでした。地方票のやり方については議論がありましたが、結局は党本部が全党員に投票権を与える正式なものとはせずに、各都道府県連がそれぞれ党員投票を行い、それを３票として各候補に割り当てる方法が採用されました。

このやり方だと、各都道府県連に所属する議員の色合いが濃く反映されることになります。議員票で有利な菅首相が票を集めたのは、想定通りでした。

虎視眈々と……

以上のような幸運が重なり、菅政権は誕生したと言っていいでしょう。それにしてもいつから菅首相はポスト安倍を狙うようになったのでしょうか。「政治家なら誰でも総理大臣になりたいと思っている」と稲田朋美《いなだともみ》元防衛大臣が述べたように、政治を志すならそうした野心はあるはずです。しかも権力の中枢に入ったなら、そのトップの地位が手に届くものであると思うのは当然です。

しかし客観的に菅首相にとって、総理大臣に登り詰めるのは不利でした。まずは年齢で、安倍前首相より6歳年上です。しかも党3役や財務大臣、経済産業大臣、外務大臣など重要閣僚の経験はありません。

強味になったのはたたき上げという経歴と、7年8か月も内閣官房長官を務めたという実績です。官房長官は全ての情報を集約し、内閣官房機密費も自由に使えます。しかも内閣人事局のトップとして、官僚の人事権を握り、やがては「影の総理」と言われるほどの影響力を持つようになったのです。

しかしその野心を、菅首相は直前まで隠していました。文藝春秋2020年10月号のインタビュー記事「我が政権構想」では、次のように語っています。


私は安倍総理が辞任を表明される直前まで『出馬は考えていない』と申し上げてきました。それは来年の総裁選を想定した質問でしたし、そもそも最後まで総理を支えるのが官房長官の仕事ですから、『出馬を考えていなかった』のは当然のことです。

しかし、突然の辞任表明で事態は一変しました。この国難への対応には一刻の猶予もなく、政治の空白は許されません。誰かが後を引き継がねばならない。果たして私がやるべきか――熟慮に熟慮を重ねました。それでもこの難局に立ち向かい、総理が薦めてこられた取り組みを継承し、更なる前進を図るために、私の持てる力を尽くすべく、総裁選出馬を決意した次第です。

野心があってもチャンスがなければどうしようもありません。もし安倍前首相の健康状態に問題がなく、２０２１（令和３）年９月の任期満了まで務めたのなら、菅首相は総理総裁の座を狙える可能性はなかったでしょう。安倍前首相は「４選」が囁かれていたものの、もしその時に後継に禅譲《ぜんじょう》するなら、その「本命」は岸田文雄《きしだふみお》前政調会長であることは明らかでした。ですから岸田政権誕生という筋書きに従えば、その準備は着々と行われていたはずですので、仮にどんなに望んだとしても、菅首相が割って入れる余地はなかったのです。

ですから安倍前首相の辞意がはっきりとわからない限り、菅首相はその後継を名乗ることができないはずでした。下手を打って飛び出ると、政治生命を断たれる危険性もあります。にもかかわらず、電光石火のごとく、菅首相は総裁選の本命候補に躍り出たのです。

そしてその動機は菅本人が述べるように、「政治の空白は許されない」といったものではありえない。本当にそれを願っていたのなら、たとえば岸田氏をサポートして自分は官房長官に再任されるという方法を取ったのではないでしょうか。実際に二階氏はそのやり方で菅首相をサポートしました。

やはり隙あらば、そしてやがては虎視眈々《こしたんたん》と、菅首相は総理の座を狙っていたに違いないのです。

「令和おじさん」がきっかけに

ではいつから菅首相の胸の中に「総理大臣になりたい」という野心が具体的に芽生え始めたのかというと、２０１９（令和元）年の御代替わりで、菅が新元号「令和」

を掲げて発表したことが考えられます。「平成」の御代替わりには故・小渕恵三が竹下内閣の内閣官房長官として新元号を発表し、「平成」の色紙を掲げました。小渕は「平成おじさん」と知名度を上げ、１９９８（平成10）年７月30日に総理大臣に就任しています。

この前例を菅首相が意識しなかったはずはありません。そしてそれから周囲も菅首相をそのように見始めたのです。たとえば菅首相は５月９日から12日まで、アメリカ側からの招聘《しょうへい》を受けて訪米しましたが、総勢40名にものぼるその訪米団は、参加者の面々も含めて、まるで首相の訪米団のようでした。

外務省から鈴木量博《すずきかずひろ》北米局長や金杉憲治《かなすぎけんじ》アジア大洋州局長、防衛省からは次官級の西田安範《にしだやすのり》防衛審議官が随行しています。通訳を務めたのは安倍前首相とトランプ米大統領の会談の通訳を担当する外務省総合外交政策局総務課の高尾直《たかおすなお》首席事務官でした。これに、内閣記者会の長官番の記者たちも同行しています。さらに現在も菅の右腕となっている和泉洋人《いずみひろと》補佐官も、参加していました。

これに対応するアメリカ側もそうそうたるメンバーで、マイク・ペンス副大統領やマイク・ポンペオ国務長官、そしてパトリック・シャナハン国防長官代行でした。ちなみにこの時の国防長官は空席でしたので、実務的には外交上の最高クラスの布陣といえるでしょう。

菅氏は9日にはポンペオ氏、シャナハン氏に相次いで会談しました。翌10日にはペンス氏と30分の会談予定を10分オーバーして話し込んだと言います。なお、ペンス氏の日本側のカウンターパートナーは麻生太郎副総理ですが、ペンス氏と麻生氏は相性が良くないと報じられています。実際に2018（平成30）年11月にペンス氏が来日して安倍首相（当時）を表敬訪問した時、麻生氏との「経済対話」はセッティングされず、「懇談」にとどめられました。

その理由は麻生氏の「ヒトラー発言」だったと言われています。2017（平成29）年8月の麻生派の会合で、麻生氏は「（政治は）結果が大事。何百万人も殺したヒトラーは、いくら動機が正しくてもダメ」とヒトラーを肯定するかのような発言し、後に撤回したことがあったのです。

しかしこれをアメリカ側が問題視したため、翌9月の日米の非公式協議が中止されました。以来、麻生氏とペンス副大統領との「懇談」は開かれても、対話は行われていなかったのです。

そうした事情を菅首相が見逃すはずがありません。しかも麻生氏は菅首相にとって、好ましい感情を持っていないライバルです。ここで一気に差を付けたい。この時の官房長官外遊は、アメリカに対して次期総理を狙う挨拶の意味だったに違いありません。

二階幹事長の助力を得て

しかしながら、総理大臣になるには欠落しているものがありました。官房長官として徐々に権力を握りながらも、菅首相は派閥を持っていませんでした。もちろん「韋《い》駄《だ》天《てん》の会」や「ガネーシャ」など、菅首相をとりまくグループは存在しており、これらが積極的に菅首相を総裁選への立候補を促して勝利への流れを作り、推薦人にも名前を連ねました。

それでもメンバーに有力者がいないこの2つのグループだけでは、党内を制することはおぼつきません。なんとか多数を制するために、菅首相が近づいたのが二階俊博《にかいとしひろ》幹事長でした。

二階俊博という政治家は不思議な人です。石破氏などの〝自民党出戻り組〟が党内で頭角を出そうとするのに非常に苦労しているにもかかわらず、同じく〝自民党出戻り組〟でありながら、幹事長という最大の権力を握るポストを射止め、その座に長期に座り続けています。政治家になったきっかけは、中央大学法学部4年生の時に、ぶらりと入った自民党の演説会。そこで聞いた故・江崎真澄《えさきますみ》の演説に感動し、秘書になろうと決意しました。

結局それは叶わなかったのですが、二階氏は亡父・俊太郎《しゅんたろう》氏が懇意《こんい》にしていた静岡県出身の故・遠藤三郎《えんどうさぶろう》衆議院議員の秘書になります。遠藤氏は農林省の官僚時代に県経済部長として和歌山県に赴任し、県議だった俊太郎氏と懇意な関係を作っていたのです。

遠藤事務所の秘書の後、二階氏は和歌山県議に転身し、それを2期務めあげて1983（昭和58）年12月の衆議院選で初当選。以来、12回連続当選を果たしています。

当初は田中派に属していた二階氏は、小沢一郎《おざわいちろう》氏らと行動を共にし、１９９３（平成５）年に自民党を離党し、新生党を結成します。そして新進党時代は故・中西啓介《なかにしけいすけ》氏、平野貞夫《ひらのさだお》氏、西川太一郎《にしかわたいいちろう》氏とともに、「小沢４人衆」と呼ばれ、幹事長だった小沢氏の影響の下で党内で権勢をふるっていました。

ちなみにこの「小沢４人衆」の別名は「４バカ」で、小沢氏への密着ぶりを週刊誌が揶揄《やゆ》して付けた渾名《あだな》です。政界が「小沢・反小沢」や「小沢・非小沢」、「小沢・アンチ小沢」など、小沢氏を軸として動いていた時代でした。

その「４バカ」の中で、現在もなお現職の国会議員として活躍し、しかも与党を牛耳る重職に就任しているのは二階氏ただひとりです。当時、二階氏とほぼ同格と見なされていた中西氏は、息子の薬物事件が原因で２０００（平成12）年の衆議院選で落選し、そのまま政界を引退。２００２（平成14）年１月に心不全で逝去しています。

衆議院の職員を経て参議院議員になった平野氏は、２００４（平成16）年の参議院選に出馬せず、政治評論活動に転向しています。職員時代は衆議院議長だった故・前《まえ》尾繁三郎《おしげさぶろう》に秘書として仕え、国会のルールや慣習を最も精通している人物で、「国会の生き字引き」を自認。「小沢の懐刀《ふところがたな》」とも言われていました。いまも時折、衆議院議員会館で小沢事務所を訪れる平野氏の姿を見かけます。

西川太一郎氏は小沢氏の都立小石川高校時代の同級生で、故・石田博英《いしだひろひで》元労働大臣の秘書として永田町入りしました。東京都議を経て衆議院議員になりましたが、2000（平成12）年には自自公連立を離脱した小沢氏と決裂して保守党に参加。2003（平成15）年の衆議院選で落選した後、翌年に荒川区長に転じ、現在5期目を務めています。

このようにみな当時から一癖も二癖もある人物ばかりでしたが、中でも二階氏は際立った存在でした。

その二階氏にしても、必ずしも順調に政界を渡ってきたわけではありません。小沢氏と決別して保守党を結成した後、自民党に復党して二階グループ「新しい波」を立ち上げました。

2005（平成17）年の衆議院選で初当選した〝小泉チルドレン〟は87名。彼らの教育に携わったのは、幹事長だった武部《たけべ》勤《つとむ》氏でした。武部氏は「新しい風」を結成し、初当選した議員たちを集めて面倒を見ていました。二階氏も総務局長として候補者選定に携わったため、「新しい波」を結成して新人議員たちを集めています。同時にこの2つに参加する議員もいて、「波」と「風」で「波風がたつ」と揶揄されたこともありました。

「新しい波」はそのような新人議員が多かったため、2009（平成21）年の衆議院選で二階氏以外は全員落選してしまいます。二階グループは二階氏と、泉信也《いずみしんや》参議院議員、鶴保庸介《つるほようすけ》参議院議員の3名だけとなったのでした。

挽回のチャンスは志帥会に入ったことでした。会長だった伊吹氏が衆議院議長に就任したのを契機に会長職を辞し、二階氏がその後任に就任したのです。

以来、その莫大な集金力で志帥会を束ねてきました。二階氏が2016（平成28）年に自民党幹事長に就任した時には会長職をいったん辞してはいますが、会長職は空けられたままで領袖《りょうしゅう》の地位はそのままです。そもそも、二階氏のような面倒見がよく何でも飲み込むその包摂力は、政界広しといえども、他にはいません。それを頼ってくる議員も少なくなく、こうした党内で問題がある議員や野党からの転向組を積極的に受け入れることで、二階氏は勢力を拡大してきたのです。旧民主党・民進党系の山口壮《やまぐちつよし》元外務副大臣や長島昭久《ながしまあきひさ》元防衛副大臣、そしてまだ自民党入党は叶いませんが、細野豪志《ほそのごうし》元環境大臣なども二階氏に受け入れられています。

このように順調に勢力を伸ばしてきた二階派ですが、総裁候補が不在です。総裁選に出馬を決意した菅首相がまず二階氏に頼った理由として、この点が重要ではないでしょうか。しかも二階氏は菅首相より9歳も年上ですから、場合によってはその後継者になれなくもありません。そうした意味においても、二階派は菅首相にとって非常に頼もしい派閥だったのです。

総裁選ではどれだけの議員票をまとめられるかが勝負ですが、それには派閥の協力が欠かせません。総裁選に出馬した石破氏の水月会や岸田氏の宏池会は最初から協力を求める対象として除外ですが、志公会に協力を求めることもまた、菅首相が麻生太郎副総理兼財務大臣とは相性が悪いためにありえなかったのです。

98人ものメンバーを擁する最大派閥である清和会は、代表を務める細田博之《ほそだひろゆき》氏が安倍前首相が戻ってくるまでの「雇われママ」的存在で、いまいち頼りにならない。また平成研は2018（平成30）年の総裁選で参議院が石破氏を応援していた上、竹下亘会長は健康上の問題を抱えており、派閥の統率力はいまいちです。

その点、志帥会は〝オーナー〟である二階氏の指示がすみずみまで行き届きます。さらに二階氏が党の人事も経理も掌握する幹事長のポストに付いていることも利点です。そしてなにより菅首相にとって素晴らしかったのは、二階氏には総理総裁になろうという野心がなく、ライバルになりえないという点でした。

実際に菅首相と二階幹事長は、6月頃から食事を共にするようになっています。安倍前首相の健康不安説が流れ始めたのも、ちょうどその頃でした。7月6日には官邸内で吐血したと、写真週刊誌「FLASH」2020（令和2）年8月18日25日号が報じています。それにしても官邸だけが知っている事実を、いったい誰が流したのでしょうか。

次期首相を決めた昭恵夫人のひとこと

二階俊博幹事長が総裁選で菅首相を支援することを承諾したのは、自分が自民党幹事長の椅子に座り続けるためでしょう。与党第1党である自民党の総裁は総理大臣であるため、党務はもっぱら幹事長が担当します。そして幹事長の力の源泉は、資金力と選挙です。新人候補を当選させれば、容易に自分の配下に置くことができるからです。

しかも他の有力派閥が、菅支持に出遅れていました。とりわけ志公会は麻生会長が菅首相と不仲のため、すぐに菅支持に動けなかったのです。しかも麻生氏の頭にあったのは、早期に衆議院解散を打つことでした。

福田康夫《ふくだやすお》元首相の突然の辞任を受けて２００８（平成20）年9月に成立した麻生政権は、衆議院の任期まで1年を切り、まさに選挙管理内閣でした。ところが政権成立とほぼ同時に発生したリーマンショックのために解散時期を逸したため、民主党政権の誕生となった追い込まれ解散になってしまったのです。

その時の苦い経験ゆえに、麻生氏は早期解散論者になったのです。麻生氏は8月15日に安倍前首相の私邸を訪れ、２人だけで会談しています。この時、麻生氏は安倍前首相に、自分に禅譲して解散を打つことを提案していたといわれています。

詳しくいえば、安倍前首相が麻生氏に後継指名し、とりあえずを凌《しの》いで解散を打つということです。

しかし安倍前首相は決めあぐねていました。２度も政権を投げ出した総理大臣にはなりたくありません。しかも今回は新型コロナウイルス感染症の問題というまさに〝国難〟がの真っ最中です。そこから逃げて、歴史に汚名を残すようなことは絶対にしたくなかったのです。

では誰を後継にすればいいのでしょうか。安倍政治を受け継いでくれた上で、自分の体調が回復した時に復権が可能なのは誰なのでしょうか。少なくとも自分の影響力を残せる相手は誰なのか――。

その背中を押したのは妻・昭恵《あきえ》夫人のひとことだったといいます。

「菅さんでいいんじゃない。官房長官として長年支えてくれたんだから」

昭恵夫人にすれば、ほんの軽い気持ちで言ったに違いありませんが、昭恵夫人に頭が上がらない安倍前首相の決意はこれで決まったといいます。そもそも安倍前首相に2012（平成24）年の総裁選への出馬を強く勧め、励ましてくれたのは菅首相でした。もちろん禅譲する本命は岸田前政調会長でしたが、安倍前首相が辞任して総裁選となれば、石破茂元地方創生担当大臣が出馬してくるに決まっています。過去の総裁選に3度出たことのある石破氏に、「お公家さん体質」と言われる宏池会のプリンス・岸田氏が勝てる見込みはありません。

ならば後継は菅首相しかいない。ということで、安倍前首相は菅首相を事実上の後継指名としたのです。そしてすぐさまその効果が発揮されたのが党3役の人事でした。政調会長に任命されたのが、下村博文《しもむらはくぶん》元文科大臣だったのです。

2020（令和2）年9月の総裁選には下村氏も出馬を模索していましたが、20人の推薦人が集められなくて断念しています。なんとか次を狙うためにも、主力ポストを得る必要があったのです。

そこで下村氏は今日子夫人を通じて昭恵夫人に依頼し、昭恵夫人が菅首相に「下村さんをよろしくお願いします」と電話をかけたのです。昭恵夫人と今日子夫人は昔からの飲み仲間で仲が良く、ともに加計学園グループ傘下の英数学館小学校の宣伝チラシに登場してもいます。

この申し出に菅首相は躊躇《ちゅうちょ》したようですが、自分を安倍前首相に推してくれた昭恵夫人の依頼となれば断ることはできません。下村政調会長はこうして決定されました。

ちなみに政調会長でありながら、下村氏は解散時期など政局に関する発言が目立ちます。夫婦別姓にも切り込もうとするなど、下村氏の前任者として3年間政調会長を務めた岸田氏への対抗意識も露わにしています。もしかしたら政調会長という職務に不満なのかもしれませんが、このような下村氏のパーフォーマンスに不快感を抱く自民党議員は少なくありません。

第2章

崩れていく野党共闘と国民民主党

もろかった野党の結束

このような安倍政権から菅政権への移行を、指をくわえて見ていたのが野党です。いや、指をくわえるほど政権奪還を切望していたのなら、まだましな方だったでしょう。現状の野党は指さえくわえられず、自民党内の総理総裁の交代劇のドタバタさからも完全に蚊帳《かや》の外の存在でした。

野党にとって2020（令和2）年は、自分たち自身が苦難の年といえたでしょう。「非自民」という枠でまとまろうとしても、まとまりきれないことが判明したからです。野党共闘の実現は、そう簡単ではありません。

実は野党の結束が崩れるのは簡単です。現在のように野党がバラバラになったのは、2017（平成29）年の民進党の分裂に始まります。迫りくる解散総選挙を前に、民進党の前原誠司《まえはらせいじ》代表（当時）は、危機を感じて人気絶頂だった東京都の小池百合子《こいけゆりこ》知事に乗っかかろうとしたのです。前原氏には民進党を分断する意図はありませんでした。ただ党を救いたかった、仲間を落選させたくなかった、ただそれだけだったのです。

そもそもの原因は小池都知事

それに乗じたのは、あふれんばかりの小池知事の野心でした。その前年に衆議院議員から東京都都知事に転じたものの、実際には国政に相当の未練を残していたはずです。新党結成を足掛かりにして国政にも乗っかかり、やがては初の女性首相をと、狙ったとしても不思議ではありません。

これこそ天賦《てんぷ》の才というものかもしれませんが、そもそも小池知事は非常に機を見るに敏な政治家です。都知事への転身は、たまたま公用車の私的利用など「公私混同」疑惑で舛添要一《ますぞえよういち》前知事が辞職したことをチャンスととらえたのです。当時の小池氏は自民党にいても安倍普三首相（当時）に干されていたため、都知事選出馬はかっこうの逃げ道でした。

小池氏は都知事選出馬に強行に反対した東京都連を敵にまわすことで、判官贔屓《はんがんびいき》の都民の支持を得るのに成功しました。その結果、小池氏は291万2628票も獲得。自民党と公明党の支援を得た増田寛也《ますだひろや》元総務大臣や民進党など野党の支持を得た鳥越《とりごえ》俊太郎《しゅんたろう》氏を大差で下します。その差は何だったのか。それは増田氏にしても鳥越氏にしても、自分から自発的に出馬したのではなく、かねてから政界に進出したいという野心はあったとしても、政党の誘いを受けた上での出馬だったからです。そこには他者に頼ればいいという気持ちがなかったわけではないでしょう。

一方で小池氏は自民党の支持すら得られず、それどころか自民党を敵にしてしまったのです。もし落選すれば、これまで順調よくわたってきた分の跳ね返りは大きいはずです。何よりも落選のみじめさは、父・勇二郎《ゆうじろう》氏の落選でさんざん味わっています。1969（昭和44）年12月の衆議院選で勇二郎氏は旧兵庫2区から出馬し、7074票しか獲れずに落選しました。当時17歳だった小池氏は、この世の終わりとばかりにひたすら泣きじゃくったといいます。

筆者はこの時が現在の小池氏の原点だと見ています。おそらくそれまでは家族がちょっと変わっていても普通のお嬢さんに過ぎなかった小池氏が、生き残り這《は》い上がるために自分で自分をプロデュースし始めたのです。何をどうやったら上り詰めることができるのか。上昇運をつかむためにはどうしたらいいのか。小池氏はそのアンテナを常に張り巡らせていたのでしょう。そして情勢を自分のものとしていきました。

その勢いでもって小池知事は、翌２０１７（平成29）年2月5日の千代田区長選で高齢と多選のため批判されていた石川雅己《いしかわまさみ》区長を5選させたのです。

そして同年7月の東京都議選では、自らが率いる「都民ファーストの会」を設立し、１２７議席中55議席を獲得しています。そして選挙後に与党になった公明党の23議席とともに、小池知事は議会で79議席（さらに無所属1議席を含む）という安定過半数の与党を得たのです。

小池知事の野望はさらに国政に及びます。衆議院解散を睨《にら》んで9月に「希望の党」を結成し、その党首に納まります。その躍進ぶりに注目したのが、民進党の凋落《ちょうらく》傾向に悩んでいた前原誠司代表（当時）らでした。

前年の都知事選から負けなしの小池知事の人気でもって、都内の票を集めることは可能です。さらに小池知事の知名度によって、全国的に無党派層の票も期待できるのです。実際に2016（平成28）年10月の衆議院福岡県第6区補選では、鳩山二郎《はとやまじろう》候補の応援に出向いた小池知事には大きな歓声が沸き起こり、鳩山氏の大量得票に繋がりました。

さらにまとまった票を求めるために、小池知事と前原氏は連合の神津里季生《こうづりきお》会長を巻き込みました。連合傘下の連合東京は小池知事と近く、都議選では都民ファーストを応援していましたし、保守を自認する小池・前原なら、共産党に拒否感が強い連合は組みやすい相手です。

しかし野党が崩れたきっかけは、ここに始まったのかもしれません。共産党を排除したい連合に対し、それを「リベラル排除」と受け取った小池知事、さらに民進党の仲間がとりあえず生き残ればそれでいい前原代表と、実際には3者の思いはバラバラだったのです。そして9月27日に小池知事の口からあの「排除発言」が飛び出します。記者のしつこい質問に対して思わず語気を強めたところ、小池知事のとってまさかの展開になってしまったのです。こればかりはさすがの小池知事も、予想だにできなかったに違いありません。

これが「希望の党」が崩れるきっかけになりました。当初の思惑では希望の党が衆議院の過半数の議席を制し、小池知事が国政の上に都知事として君臨するはずだったのに、とんだ計算違いになったのです。

対照的に議席数を伸ばしたのが枝野幸男《えだのゆきお》氏が創設した立憲民主党でした。小池知事に排除された仲間が集まったことがリベラル色を強めることになり、有権者の同情もあってかえって支持を得ることになったのでしょう。立憲民主党は希望の党を５議席上回り、野党第一党となったのです。

民進党の復活は不可能

衆議院選のために分裂してしまった立憲民主党と希望の党ですが、希望の党が参議院に残っていた民進党と合流して国民民主党になり、一時は立憲民主党と統一会派を組んで合流を目指したこともありました。しかし２０２０（令和２）年10月には統一会派も解消してしまいます。

この2つはもともと同じ政党だったのに、なぜ再度一緒になれないのか――。それは互いに強い近親憎悪《きんしんぞうお》を抱いているからでしょう。

不和の根源は参議院にありました。2017(平成29)年10月に立憲民主党が結党された時、参加者の多くは衆議院選での出馬予定者でしたが、参議院からたったひとりの議員が参加しています。後に幹事長になる福山哲郎《ふくやまてつろう》氏です。新しい政党で地盤を固めるために良いポストを得るためには、早期の参加が不可欠です。

ところがこれが他の議員の反感を呼びました。ひとり会派ではどうしても議会活動に支障をきたすため、福山氏は参議院民進党に統一会派を申し出ましたが、参議院民進党はこれを拒否。ここから2者の確執が生まれます。

2017(平成29)年の衆議院選で立憲民主党が野党第一党になると、福山氏の権力がぐんと強まりました。2019(令和元)年の参議院選を控えてさらに、立憲民主党への移籍数も増えています。

そのような中で、もともと関係が良くなかった福山氏と国民民主党の榛葉賀津也《しんばかづや》幹事長との不仲は決定的になります。立憲民主党が2019(令和元)年7月の参議院選で、榛葉氏が出馬している静岡県選挙区に徳川宗家の徳川家広《とくがわいえひろ》氏を刺客を立てたからです。

参議院静岡県選挙区の定数は２議席で、これまで自民党と民進党が仲良く分け合ってきました。そこにさらに野党系候補が入ると、自民党ではなく榛葉氏の票を奪うことになるのです。参議院静岡県選挙区を野党で２議席を占めるということにはなりえないのです。

しかも静岡は徳川家康の駿府城があったところで、徳川家ともゆかりがあり、本拠地といってもいい。そのような静岡県選挙区に家広氏を擁立しようというのは、明らかに榛葉氏に対する究極の嫌がらせでしょう。

そして迎えた参議院選の結果は榛葉氏が44万５８６６票を獲得して２位で当選し、30万１８９５票の徳川氏は及びませんでした。何も生まれずただ両者の亀裂だけ大きくした、そのような戦いだったのです。

6産別は国民民主党支持へ

このような参議院での反目にもかかわらず、衆議院では立憲民主党と国民民主党の合流話が進んでいきました。理由は2021（令和3）年10月に衆議院の任期満了を迎えるからです。それまでに行われる解散に備え、比例で有利なように大きな政党を作る必要があったのです。

そしてそれは、国民民主党の方が積極的でした。立憲民主党は2017（平成29）年の衆議院選で、新党結党のご祝儀相場で当選した議員もいます。一方で国民民主党は厳しい選挙戦で生き残ってきた議員が多い。よって同じ政党になれば、どちらが惜敗率で有利なのかは明らかです。

その流れは連合も絡んで、より複雑化していきます。連合の神津里季生会長は、小池百合子都知事や前原誠司元民進党代表とともに、民進党解党・希望の党結成の立役者の一人で、その時の失敗をなんとか挽回したいと願う余り、立憲民主党と国民民主党の合流に腐心してきました。しかしその結果、連合はまた裂き状態になってしまったのです。

約６８６万４０００人の組合員を抱える連合は、自治労や日教組、ＪＰ労組などの旧総評系とＵＡゼンセン、自動車総連、電機連合、ＪＡＭ、基幹労連、電力総連という旧同盟系に分かれますが、このうち６産別と言われる旧同盟系が合流に反対したのです。

自動車総連が自民党に接近

そのような中に飛び込んできたのが、「自動車総連の自民党化」の話題でした。トヨタグループの労組で結成する「全トヨタ労働組合連合会」が自民党や公明党の議員も加えて産業政策について協議する場を作ることを検討し始めたのです。

というのも、自動車業界ではガソリン車からＥＶやＨＶへの転換が迫られており、ガソリン車を軸として開発・生産を進めてきたこれまでの方針を大きく転換しなければなりません、さらに菅首相が提唱した「カーボン・ニュートラル」の影響は甚大で、その対処のためにも自民党にも大きく軸足を移す必要があるのです。

現在のところ選挙への影響は否定していますが、業界にもっとも理解してくれるところを支援するのは当然の流れです。なお、こうした動きは自動車産業以外にも起きうる可能性があります。労働組合も変容が迫られているのかもしれません。

国民民主党は自民党の補完勢力になりえるのか

まだ安倍政権の頃、筆者は国民民主党の玉木雄一郎《たまきゆういちろう》代表に次のように述べたことがありました。

「岸田政権になるまでが勝負ですよ」

というのも、安倍政権は思想的に右にぶれた政権だったからです。憲法を改正して独自の軍事力を持ち、自力で中国や北朝鮮に対峙できる国家を目指していたのです。

その一方で第2次安倍政権では、社会福祉政策は左に大きくウイングを広げてきました。児童手当の拡充など、民主党政権時の政策を飲み込んだ部分がかなりあります。

これが安倍政権が長期安定政権になった理由のひとつでしょう。流動化する国際状況の下で、少なくとも国民は強い国家に守られてこそ安心した毎日をおくることができるのです。しかしかつての自民党の主流は右派ではありませんでした。軍事力よりも経済に力を入れることで国を豊かにしていくという方針を故・吉田茂《よしだしげる》元首相が採用し、それが貫かれてきたのです。

非核三原則でノーベル平和賞を受賞した佐藤栄作《さとうえいさく》を右派の政治家とは呼びません。日中国交正常化交渉をした田中角栄《たなかかくえい》を右派政治家と言う人はいません。その盟友で、田園都市構想を描いた大平正芳《おおひらまさよし》も同じです。竹下登《たけしたのぼる》も小渕恵三《おぶちけいぞう》も、ハト派と呼ばれる政治家でした。

そもそも国民の多くは、右や左に偏ってはいません。行動においては中央やや左で、頭の中は中央やや右というところが、平均的な日本人というところでしょうか。

玉木氏は香川県出身の故・大平正芳首相の遠縁にあたり、２００５（平成17）年に初出馬した際は大平家・森田家の応援を受けています。もともとは自民党からの出馬を希望していましたが、同じ衆議院香川県第２選挙区に現職の木村義雄《きむらよしお》議員がいたため、叶いませんでした。

しかし2005（平成17）年の衆議院選では苦杯をなめたものの、玉木氏は2009（平成21）年には民主党の公認を得て木村氏に3万票余りの差をつけて初当選を果たしています。その後、順調に当選を重ねて、2016（平成28）年の民進党代表選に蓮舫《れんほう》氏、前原誠司氏に続く「第3の候補」として出馬しました。結果は最下位で落選でしたが、これが飛躍の基礎となったのです。

その玉木氏の方向性は、遠縁の故・大平正芳元首相と同じ中道政治です。そもそも大平元首相も玉木氏も大蔵省（財務省）出身で、「国はまず国民の生活を豊かにしなければならない」という理念を共有しています。その大平元首相が提唱した田園都市構想はまさに、日本らしい豊かな生活を求める21世紀型国家経済構想だったのです。

そうしたものを受け継いだ玉木氏なら、「保守本流」である宏池会の路線を歩むことは十分に可能です。そしてもし岸田氏が政権を獲れないのなら、その枠にすっぽりとはまって、玉木氏自身がそれを狙えばいい……。

その玉木氏が故大平首相について語ったことがありました。2018（平成30）年

10月31日の国民民主党代表会見です。

大平元総理について申し上げれば、「楕円の哲学」ということに集約されているのかなと思います。真ん丸の円は焦点が一つしかないのですが、楕円というのは二つ焦点があって成り立つ。何でも一つに集約していくというよりも、時に相対立するものが絶妙な調和の中に併存しているということが世の中にとってもベストだと。ですから、異なる意見や対立する意見もしっかりと受けとめていこうということが大平哲学、「楕円の哲学」の真髄だと思います。

ただ、今、安倍政権を見ていると、まさに「この道しかない」という言葉にあらわれるように、とにかく異なる意見をむしろ排除し、併存を認めず、駆逐していくというような態度が見えるので、その意味ではかつての多様性を受け入れてさまざまな意見があった自民党からすれば大きく変質してしまったなという印象です。

玉木氏のこの発言からも、「我こそがかつての自民党の保守本流の後継者だ」との主張を見てとることができます。ですから立憲民主党と一緒にやれるとは、到底思えないのです。そもそも彼らと目指す政治が異なります。

もし国民民主党が立憲民主党と合流したら、当選回数が4回の玉木氏は百戦錬磨の先輩たちの下に置かれてまうでしょう。立憲民主党の枝野幸男《えだのゆきお》代表は当選9回で、安住淳《あずみじゅん》国対委員長は当選8回。その他、玉木氏より多くの当選を重ねた議員たちがずらりと並んでいます。実際に、「立憲民主党は国民民主党を飲み込んだら、岡田や野田たちが玉木を虐《いじ》めようと待ち構えている」との噂も流れていました。

しかしこれらは事実ではありません。岡田克也《おかだかつや》元民進党代表や野田佳彦《のだよしひこ》元首相がそういうことをするとは思えません。

むしろ既得権益を重視する立憲民主党の体質に埋もれてしまうという危惧がありました。国民民主党の一部との合流後、2020（令和2）年9月に代表選を行いましたが、いまだ立憲民主党は枝野幸男代表がオーナーを務める政党であり、旧態然とした体質は変わりません。実際にコロナ禍で国民に一律支給された10万円の特別定額給付金にしても、立憲民主党は「我々がかねてから提唱していた」などと主張していますが、与党よりも先に玉木氏ら国民民主党が提案した当初は、同じ統一会派を組んでいた立憲民主党はそれを渋っていたのです。

自民党に接近する玉木雄一郎

むしろ玉木氏の提案を受け入れようとしたのは、安倍前首相でした。２０２０（令和2）年2月28日には、直接電話でコロナ対策についてやりとりをしています。まず玉木氏が菅官房長官（当時）に電話をかけ、折り返しで菅長官から玉木氏の電話に連絡が入りました。その時、菅長官の側にいた安倍首相（当時）が電話に代わり、玉木氏と直接話をすることになったのです。

玉木氏が求めたのは、新型インフルエンザ対策特別措置法を適用し、同法に基づく緊急事態宣言を発令することでした。また小中高の休校措置に伴う保護者への休業補償や大規模な経済対策をも求めたのです。

安倍前首相はうなづく様子で玉木氏の主張を聞いていたそうです。政策を実現させせるにはやはり与党でなければならないと、この時の玉木氏は痛感したに違いありません。そして政府与党の関係者とは、たびたび連絡を取り合いました。11月2日夜には自民党の二階《にかい》俊博《としひろ》幹事長と会食しています。

玉木氏を二階氏に引き合わせたのは、玉木氏の〝後見役〟を自任する亀井《かめい》静香《しずか》元金融担当大臣でした。会合の名目は「亀井氏の誕生祝い」ということですが、場所は亀井氏の行きつけの赤坂の料亭だったのです。料亭ではその中で行われている話が外に漏れることはありません。いったい何が話し合われ、合意されたのか。その席にいた政治家が話さない限り、明らかにされないのです。

それではその費用は誰が払ったのかと玉木氏に聞くと、「亀井さんのお店だから、亀井さんじゃないか」との返答でした。しかし本人が自腹を切って他の人を招待する誕生祝いなど、聞いたことがありません。「誕生祝い」とは名目に過ぎなかったに違いありません。

なお亀井氏は2019（令和元）年5月、玉木氏を石破《いしば》茂《しげる》氏にも引き合わせています。この時の亀井氏の企みは、石破氏の水月会《すいげつかい》と国民民主党内の玉木氏のグループを合流させ、安倍政権に対抗できる勢力を作ることでした。ところが国民民主党内からの反対が強く、この計画は頓挫。そして２０２０（令和２）年９月の総裁選で、石破氏が撃沈してしまい、その芽はなくなりました。

二階氏に引き合わせたのは、その戦略を変えたのかもしれません。いずれにしろ亀井氏は玉木氏を通じて自民党に打って出ようとしていますが、亀井氏が期待する強さが玉木氏にあるように思えません。毎日新聞のインタビューで「政治家というのは、相手の首にドスを突き付けないと」と亀井氏は語ったことがありますが、それを玉木氏に望むのは過酷ではないでしょうか。

問われる指導力

良い意味では誰にでも優しく接し、好感を持たれやすい。しかしリーダーシップの点ではいまひとつというのが玉木氏の特徴でしょう。もちろん玉木氏は政策能力が高い上に、それを国民に説得させる能力も十分です。ですが、いまいち大きな集団を率いていく力がありません。

そもそも国民民主党の政党支持率が、芳《かんば》しくありません。共同通信が２０２０（令和2）年12月5日と6日に行った調査によると、国民民主党の支持率は１・７％にすぎないのです。前回調査より若干上昇はしていますが、統計上の誤差の範囲を脱するものではありません。菅内閣の支持率が大きく下落しているにもかかわらず、離れた層を国民民主党が吸収できていないのです。

そもそも旧民主党・民進党の本流を継承しているにもかかわらず、国民民主党が衆議院7名、参議院9名という、単独で法案すら出せない弱小政党になってしまったのは、党の代表であった玉木氏の責任です。

参議院で巨費を投じるも……

さらに政治資金の使い方にも問題があります。２０２０（令和2）年11月に公表された２０１９（平成31）年の政治資金収支報告書によれば、国民民主党がこの年に使った資金は１０８億４４９９万８７９円にものぼります。同年７月に参議院選が行われたので費用がかさんだのでしょうが、国民民主党が得た議席は比例区で３議席、選挙区で３議席の合計６議席に過ぎなかったのです。

もちろんこの時の参議院選が、国民民主党にとって難しい選挙であったことは否定できません。それでも「無駄におカネを遣《つか》っただけ」という印象が否めませんでした。

たとえば東京都選挙区がそれでした。

国民民主党が公認したのは、ＪＡＸＡに勤務する水野素子《みずのもとこ》氏でした。東大卒でミス・ユニバースの全国大会にも出場したという華やかな経歴を持つ水野氏は、２人の子供を育てる働く母親として、「宇宙かあさん」をキャッチフレーズに議席を狙ったのです。

出馬会見をわざわざホテルで行い、選挙戦では玉木氏とともに宇宙服に模したコスチュームを誂《あつら》えるなど、水野氏は特別扱いでした。にもかかわらず、結果は18万6667票しか獲れずに落選。東京都選挙区の当落ラインが50万票ですから、惨敗もいいところです。しかもその年に結成されたばかりのれいわ新選組の野原善正《のはらよしまさ》氏にも及ばなかったのです。

成果が出ていないところに資金をつぎ込むのは、組織経営者として大きな失敗であり、失格の烙印を押されます。にもかかわらず、国民民主党では誰もその責任をとっていませんし、表立っての責任追及をしていません。

2020（令和2）年9月に国民民主党に分党騒ぎが起こった時、民進党から継承した政治資金が問題になりました。この時、玉木代表はテレビ番組で「5、60億円残っていると聞いている」と答えています。

それを聞いて民進党政権時に党幹事長として節約に努め、170億円もの政治資金を貯めた岡田克也元民進党代表は、「職員が出張の時に取得したマイルまで出させて貯めたのに、そんなに使ってしまったのか」と愕然《がくぜん》としたといいます。

しかし、実際にはこうした乱費は玉木氏だけの責任ではありません。

飲食代6000万円

２０２０（令和２）年8月19日発売の週刊文春は、「飲食代は年6千万円　玉木雄一郎代表の美食&ナルシスト伝説」という見出しの記事を掲載しました。国民民主党の２０１８（平成30）年分の収支報告書によれば、会合費は５９１０万円でしたが、記事ではその全額を玉木氏が使ったかのような書きぶりでした。

もっとも比較対象として同記事は立憲民主党の会合費（約３０００万円）についても記載がありましたが、これについては枝野幸男代表のみならず、福山哲郎幹事長も使ったと明記してあります。

実際には玉木氏が使った会合費はこの一部のみで、ほとんどは別の役員が費消《ひしょう》していたのです。「私が使った会合費は、連合の幹部との会食くらいだ」と玉木氏も言っていました。それにしてもこの記事が出た当時は分党騒ぎの真っ最中だったわけで、背後に意図が感じられます。いずれにしろ、党運営がうまくいかなかったということでしょう。

平野切りができなかったのが原因

「まずは平野さんを幹事長から降ろせなかったのが原因だ」

玉木氏がリーダーシップを発揮できなかった原因を、平野博文《ひらのひろふみ》幹事長（当時）に帰責する人は少なくありません。確かに平野氏は立憲民主党と合流する前の国民民主党が混迷する原因となっていました。立憲民主党との交渉の詳細について、玉木氏だけに知らせなかったこともあったのです。

今日初めて幹事長から、この間、立憲民主党とのやりとりをしてきた規約、代表選規定、党名選定規定、また綱領、政策等について、文書の形で説明を受けました。これらの報告を聞いて、代表としての最終的な判断をいたしました。まず、党として合流の条件としては基本的に同意します。その上で私自身は合流新党に参加いたしません。

２０２０（令和2）年8月11日、臨時会見を開いた玉木氏が口にしたのは「絶縁宣言」に等しいものでした。この日、平野氏から見せられた交渉文書には、初めて見るものもあったからです。

新型コロナウイルス感染症は地方にも広まり、玉木氏の地元である香川県も感染者が発生しました。そのような状況で、野党が離合集散する場合ではない――。そのように思っていたところに、思いがけないものを見せられ、すっかり逆上してしまったのです。

「臨時会見を開く！」と言って出ていこうとした玉木氏を、政調会長だった泉健太《いずみけんた》氏が羽交《はが》い絞《じ》めにしました。全員で合流することが前提なのに国民民主党の一部しか立憲民主党に合流しないとなると、交渉してきた自分たちの責任になるからです。しかも一部合流では劣勢になる国民民主党側に良いポストは与えられません。肝心の平野氏はそのそばにいて、ただおろおろとうろたえるばかりだったそうです。

では玉木氏に全く落ち度がなかったのかというと、「玉木氏にも責任はあった」との声も聞こえていました。

「平野さんを降ろすべく、馬淵さんに国民民主党に入ってもらっていたのではなかったか」。

2017(平成29)年の衆議院選で落選し、樽床伸二《たるとこしんじ》元国交大臣の衆議院大阪府第12区補選への出馬に伴って比例復活当選を果たした馬淵澄夫《まぶちすみお》元国交大臣は、2020(令和2)年6月に国民民主党に入党。しかし早くも9月には新しく結成された立憲民主党に合流しています。もともと立憲民主党に入りたかったものの、希望の党の枠の当選のために、公職選挙法の規定により立憲民主党が新党になるまで待たなければならなかったのです。それだけなら、1年半も無所属でいながら、わずか3か月のみ国民民主党で過ごす理由にはなりません。

有象無象《うぞうむぞう》の野党の中で自由に政策を提言していくには、気心の知れた16人くらいの政党の方が身軽でいいのかもしれません。実際に12月18日の国民民主党の代表選では、16票の国会議員票は玉木氏に8票、対抗馬の伊藤孝恵《いとうたかえ》参議院議員に8票投じられています。この結果を「現職の玉木代表に対する批判」と見ることもできますが、そもそも政党内の自由な空気を反映しているのではないでしょうか。

それこそが少数政党の強味であり、むしろ対外的にも自民党の中に組み込まれず、要所要所でキャスティングボートを握る方が、彼らの存在感を示すことができるではないでしょうか。

第3章

自民党は戦国時代へ

再燃した桜問題

安倍《あべ》前首相が退陣し菅《すが》首相が誕生して、自民党にとって何が生み出されたのか。それは混乱と混沌かもしれません。

２０２０（令和２）年11月23日の讀賣新聞の一面左肩には、「安倍前首相秘書ら聴取」「『桜』前夜祭　会費補填を巡り」の文字が躍っていました。桜を見る会に司直の手が伸びたのです。

当初は政権に近いとされる讀賣新聞の報道だったため、各メディアはいまいち読み取れずにいました。午後になってＮＨＫが報じ始めてから、各社も注目。安倍事務所が否定していた明細書や領収書の存在が明らかにされ、８００万円を超える補填金額が出てきたのです。

そして12月３日、東京地検特捜部は安倍前首相に任意聴取を求めていることが報じられています。安倍前首相はこれまで国会などで、「前夜祭」の費用について「全ての費用は参加者が自己負担しており、事務所や後援会からは一切支出しておらず、政治資金収支報告書に記載する必要はない」と主張していましたが、それが事実と異なっていたことになるわけです。安倍前首相自身はこの件について、11月23日の報告で初めて知ったとのことですが、検察側は前夜祭への支出についての安倍前首相の認識についても聞く方針を示しました（後に不起訴）。

確かに桜を見る会の支出については、奇異な点がありました。ホテル側がよく利用してくれる顧客に多少のサービスは行うのは当然としても、前夜祭開催をホテルと参加者ひとりひとりとの直接契約にするという法構成は面倒な上にいかにも不自然。大規模なパーティーであったにもかかわらず、明細書も出ていないのも不可解でした。

しかもこの方法はパーティーの慣習でもなかったのです。たとえばＡＮＡインターコンチネンタルホテルなどは立憲民主党の辻元清美《つじもときよみ》事務所の問い合わせに対し、「当社ではそういうことはしません」ときっぱり否定。そもそもこのような杜撰な契約を、日本を代表するホテル・ニューオータニがあえてするとは思えません。

さらに不思議なのは、トップクラスの政治案件でありながら、官邸は知らなかったのかという点です。一般的に東京地検特捜部が動く政治案件は官邸に報告が届くとされています。

トップクラスの政治案件

よってこの件は「菅首相による安倍前首相の追い落としではないか」とも囁《ささや》かれたのです。

首相就任の経緯を見ると安倍前首相から禅譲《ぜんじょう》された菅首相ですが、それが安倍前首相の本心ではなかったことは周知の事実です。さらに想定外だったのは、健康上の限界を感じて総理大臣を辞任した安倍前首相が、早々と健康を取り戻したことでした。安倍前首相はすでに10月には今井尚哉《いまいたかや》元補佐官などとゴルフを楽しみ、自民党の政治家のパーティーにも積極的に参加していました。そしてその中から、菅首相への愚痴《ぐち》ともとれる発言が目立つようになったのです。

たとえば11月16日には、二階派に入った長島昭久《ながしまあきひさ》衆議院議員のパーティーで挨拶し、「今の（高い）支持率を見ると、私が首相なら（衆議院解散の）強い誘惑を感じる」と発言。総理大臣就任と同時に解散しなかった菅首相への皮肉ではないかと囁かれました。また「安倍前首相は官僚とも会食を重ね、菅首相の愚痴をこぼしているらしい」との話も流れてきました。

今井氏とのゴルフでも菅首相への批判が出たとの報道がありました。安倍政権時に官房長官だった菅首相と今井氏は官邸の覇権《はけん》をめぐり争っていた関係があり、かつての官邸内の不協和音が表に出たわけです。

こうした話が菅首相の下に伝わり、「『桜を見る会』問題の捜査へのGOサインが出た」という話の根拠になっています。一方で、官邸と検察の関係を考えると、検察の独走だとも考えられるのです。

現在の検察のトップである林《はやし》真琴《まこと》検事総長は、安倍政権では冷遇されていました。新聞記者との賭け麻雀事件で東京高検検事長だった黒川弘務《くろかわひろむ》氏とともに本来は将来の検事総長候補だったにもかかわらず、林氏は上川陽子《かみかわようこ》法務大臣との相性が悪かったために（理由は国際仲裁センターを日本に誘致したかった上川大臣に、刑事局長だった林氏が反対したためと言われていますが、詳細は不明です）、検事総長に繋がる事務次官ポスト（その後、東京高検検事長を経て、検事総長に就任します）を政権から覚えめでたい黒川《くろかわ》氏に奪われ、名古屋高検検事長に飛ばされたからです。名古屋高検検事長は事務次官より格上ですが、上がりポストといわれ、これで林氏の検事総長就任は難しくなったと思われました。

検察側がこれに猛反発し、検事総長以外の検事の定年である63歳で黒川氏を東京高検検事長から退官させ、林氏を後任に据える予定でした。ところが2020（令和2）年1月31日に政府は閣議決定し、2月8日に63回目の誕生日に黒川氏の定年を1年延長することを決定しました。同時に前年末から稲田《いなだ》氏に、検事総長の退官を求めていたのです。

1956（昭和31）年8月14日生まれの稲田氏は、65歳で定年の検事総長として2021（令和3）年8月まで就任することが可能です。居座れば黒川氏の退官期限を1年延長した閣議決定を潰すこともできました。

そこに発生したのが、黒川氏と新聞記者たちの賭け麻雀事件でした。5月21日発売の週刊文春は、緊急事態宣言下の5月1日と13日に黒川氏と懇意《こんい》の記者の自宅マンションで賭け麻雀が行われていることをすっぱ抜いたのです。

黒川氏は東京高検検事長を辞任し、その後任に林氏が就任。そして7月17日に稲田氏が検事総長を退任したため、林氏が検事総長に就任しました。

このように官邸と検察の確執《かくしつ》は深いものでした。しかも黒川氏を重用していたのは、官房長官だった菅首相だったとも言われています。ですからもし桜を見る会問題を検察が立件するつもりなら、官邸に上げれば潰されるはずなのです。

いずれにしろ前総理の問題について検察が動いているという事実は、官邸が安倍前首相を切り捨てたのか、それとも官邸が政治的コントロールを失ったのかのいずれかを示しているわけですが、政治が混乱していることに間違いありません。

仁義なき戦いの始まり

「権力は腐敗の傾向がある。絶対的権力は絶対的に腐敗する」と、イギリスのジョン・アクトン卿は述べています。日本の政治に当てはめれば、「長期政権ほど腐敗傾向が強くなる」と言うべきでしょうか。8年近くも続いた第2次安倍政権の下では、政権内ばかりではなく、自民党内もひどく混乱しています。

その混乱は、2019（令和元）年7月の参議院選から表面化していたように思えます。その最たるものは広島県選挙区の〝同士討ち〟でしょう。

結果的に公職選挙法違反（買収罪）で河井《かわい》克行《かつゆき》・案里《あんり》夫妻が揃って逮捕されましたが、その背景を見ていくと、現在の混沌とした情勢に繋がっていることがわかります。

まずなぜ案里氏が参議院選に出馬することになったのか――。改選議席2の参議院広島県選挙区では、これまで与党と野党が1議席ずつ仲良く議席を分け合ってきました。自民党の現職は宏池会《こうちかい》の溝手《みぞて》顕正《けんせい》氏でした。5期26年半（溝手氏の初当選は1993（平成5）年の参議院補選でした）を務めた溝手氏は、参議院自民党の会長や幹事長を務めた大ベテランです。第1次安倍内閣では、国家公安委員長および防災担当大臣も務めています。

そのような大物に対して、「2人目の候補」として県議出身の案里氏が擁立されたのです。もちろん広島県連は反対しましたが、党本部は3月に公認を決定。広島県選挙区は２人区で唯一、異例にも自民党が同士討ちをする選挙区となったのです。

なぜ広島県選挙区で自民党から２人が擁立されたのでしょうか。それは「広島県では２人が勝てるから、２人目を出せ」という指令が官邸から出ていたからです。確かに過去の結果を見れば、うまく票を割りさえすれば、自民党が２議席を確保することは可能にも思えます。たとえば２０１３（平成25）年の参議院選では、溝手氏が52万１７９４票を獲得した一方で、２位の森本慎治《もりもとしんじ》氏（当時民主党）はその半分に満たない19万４３５８票でした。

２０１６（平成28）年の参議院選でも、自民党の宮沢洋一《みやざわよういち》氏の56万８２５２票に対し、柳田稔《やなぎだみのる》氏（当時民進党）は26万４３５８票だったのです。与野党で２倍以上の票数の開きが存在している以上、自民党の２人擁立も可能に見えるかもしれません。

でも得票数をきれいに割るのは至難の技です。票を持つ側がもう一方に容易に譲るはずがないのです。そうすれば相手方に、自分の票がごっそりともっていかれる危険性もある。こういう場合は全く別の政党の候補より、同じ政党の候補に対する方がより警戒心が強くなります。

それに溝手氏はすでに76歳と高齢で、落選する危険性も十分にあったのです。実際に溝手氏の得票数は27万1８３票で、32万９７９２票を獲得した野党の森本真治氏や29万５８７１票を得た河井案里氏にそれぞれ５万９６０９票、２万５６８８票も足りません。溝手氏の落選はまた、広島県を本拠地とする宏池会にとって痛いものでした。選挙戦では実際に、次のような声が聞こえてきました。

「官邸は溝手氏を落選させたいのだろう。案里氏の擁立は溝手氏に対する嫌がらせだ。溝手氏は平気で官邸批判をしたために、睨《にら》まれたのではないか」

その根拠となったのは、過去の溝手氏の安倍批判発言です。

２００７（平成19）年夏の参議院選で自民党が小沢一郎《おざわいちろう》氏が率いる民主党に惨敗した時、溝手氏は「安倍首相本人の責任がある」として、安倍続投について痛烈に批判したのです。さらに２０１２（平成24）年2月には野田《のだ》政権に対して消費税関連法案への賛成と引き換えに「話し合い」解散を迫った安倍前首相を「過去の人」と斬り捨てたこともありました。

これには安倍前首相も黙っていられなかったようで、すぐさま反論。訪問先の福島市で「かつての野党のような審議拒否はしない」と、参議院で多数を占めた強行路線を否定しています。

そうした事情に乗じようとしたのか、案里氏側は全力を挙げて、安倍政権に喰い込んでいます。とりわけ頼りにしたのは菅首相でした。夫の克行氏が故・鳩山邦夫《はとやまくにお》元総務大臣の「きさらぎ会」の幹事長を務めており、その顧問に任じていたのが菅首相という関係があったのです。

菅長官の広島入り

それゆえ菅首相は内閣官房長官として多忙な時間を調整し、広島へ案里氏の応援に入っています。案里氏側も、菅首相がパンケーキが大好物であることに乗じて、選挙戦での休憩に２人がパンケーキにぱくついているという映像をネットで公開。話題作りに努めました。

一方で菅首相の溝手氏への応援はないままでした。安倍前首相も同じです。

さらに克行氏は総理大臣補佐や総裁補佐として安倍前首相をサポートし、安倍前首相とも非常に近かったことも、案里氏には有利でした。とりわけ2016年11月の大統領選でトランプ大統領が当選した時、ヒラリー・クリントン元国務長官が当選すると予想した外務省に対し、緊急渡米した河井氏がトランプ側とのコネクションを急いで構築。「ドナルド・シンゾー」の関係の一助になったと言われています。

よって参議院選の最中には安倍前首相の地元である山口から広島へ、案里氏の応援人事が次々と送り込まれても不思議はありません。当時から安倍事務所から多額の資金を積み込んだカバンを持った秘書が広島に通っていたとも囁かれていました。

さらに案里氏の参議院出馬に際し、自民党の二階俊博《にかいとしひろ》幹事長が非常に重要な役割を果たしています。通常は選挙の公認は各都道府県連が決定し、党本部に上げることになっています。ところが、広島県連が公認を渋った案里氏の場合、、二階幹事長の〝天の声〟によって党本部公認となったのです。

このように見ると、案里氏の参議院選への出馬は、官邸と党本部の特例ともいえるお墨付きを得ていたことになります。党本部から1億5000万円もの選挙費用が密かに渡されていたのも納得です。一方で溝手氏が党本部から得ていた〝公認料〟はその10分の1にすぎません。

このような権勢を見る限り、わずか11か月後に彼らが東京地検特捜部に逮捕されるとは、当時の誰が想像できたでしょうか。いや、これほどの密着ぶりなら、誰かが何らかの不安を感じていたのかもしれません。

問題の発端は並外れた上昇志向

そもそも案里氏は極めて上昇志向が強く、２００９（平成21）年の広島県知事選には亀井静香《かめいしずか》元金融担当大臣の支援を得て出馬したことがあります。また、機を見るに敏ということでしょうか。２０１２（平成24）年にはおおさか維新の会が候補者公募も兼ねて主催した維新塾に参加したこともありました。いずれも自民党という枠から外れた行為ですが、自分のステップアップのために手段は択ばないということがわかります。

このように政治的野心を隠すことがない案里氏ですが、参議院選で当選間もないころにインタビューした時、次のように述べています。

「私は小さい時から前川レポートを読むなど政治に関心を持っていた。就職先も政治に近いところを選んだ。故・加藤紘一《かとうこういち》が主催の勉強会にも顔を出していた。当時の上司もそれを十分に知っていたので、落選中の夫に引き合わせてくれた。夫の政治活動を手伝ううちに、夫は『政治家向きではないか』と私に県議選出馬を進めてくれた。私はずっと日本を良くしたいと思ってきた」

実に力強い言葉ですが、逮捕直前の別のインタビューでは、「参院選に出なかったら、県議を辞めてミラノにファッションの勉強に行こうと思っていたの」と気弱に答えています。

言葉に一貫性が感じられないのと同時に、自分が日本の民主主義を汚してしまったという現実をふまえ、案里氏はいったい今はどのような思いで政界を見ているのか――。機会があったら是非尋ねてみたいです。

公明党が狙った広島県第3区

前代未聞の逮捕劇となった河井夫妻の問題はこれに留まりません。妻とともに逮捕され、ほぼ政治生命が断たれた克行氏の衆議院広島県第３区に、公明党が目を付けたのです。

広島県内で島根県側に存在する３区に公明党は11月19日、副代表の斉藤鉄夫《さいとうてつお》氏を擁立すると発表しました。斎藤氏は広島市内で会見し、「（政治への）信頼を再び取り戻す思いで立候補を決意した。自民党の皆さまにもご理解いただき、与党としての１議席を守っていきたい」と述べています。

斉藤氏は１９９３（平成５）年の衆議院選で旧広島１区に初当選。12万７７２１票を獲得してトップ当選を果たした岸田《きしだ》氏に２万９５８票及びませんでしたが、10万６７６３票を獲得し定数４のうち２位を占めました

衆議院選が小選挙区比例代表並立制になって以降、公明党は広島県内で候補を擁立していません。しかし２０１７（平成29）年の衆議院選では公明党は広島県第３区で

比例票数を2万6069票獲得。これは単独候補を擁立して勝てる数字ではありませんが、公明票がなければ自民党は勝てなかったということを示しています。

公明党の山口那津男《やまぐちなつお》代表も11月20日の参議院議員総会で「大事なことは政治に対する信頼を回復するための与党の責任ある取り組みだ」と広島県第3区で政治不信が蔓延している事実を指摘。その上で「優れた実績、人格を持つ人が政治不信の解消に向けて努力する姿勢を見せることが、わが党としては大事なことだ」と斉藤氏を持ち上げました。

では公明党がなぜ今、新たな選挙区をとろうとしているのでしょうか。それは存在感を示すために必要なためでしょう。

不平等な自公の構造

支持団体である創価学会の高齢化が進み、F票が取りづらくなった公明党は、小選挙区で進出して新たな票を開拓しなければなりません。

自民党と連立を組む公明党は、衆議院小選挙区では北海道10区、東京12区、神奈川6区、大阪3区、大阪5区、大阪6区、大阪16区、兵庫2区、兵庫8区の9選挙区で独自候補を擁立していますが、その他の小選挙区では自民党を応援しています。すなわち選挙では公明党が圧倒的に自民党に寄与している形であり、もっと自分たちの配分を増やしてほしいと思って当然でしょう。

また日本維新の会の台頭により、自民党のパートナーとしての地位を脅《おびや》かされる可能性もあります。とりわけ菅政権は日本維新の会とは蜜月《みつげつ》状態で、大阪では自民党大阪府連よりも近しい関係です。

それを見ていれば勢力伸長を図らなければ、現在の自分たちの立場が維新の会にとって代わられる危険性も十分にある、存在感を示す必要は十分にあるわけです。

もっとも斉藤氏の広島県第3区での出馬表明は、公明党が単独で決定したことだとは思えません。自民党側の協力も当然あるものとの前提での出馬決意でしょう。

しかし広島県は宏池会の本拠地で、自民党広島県連の会長は宏池会所属の宮沢洋一参議院議員。非岸田派の3区は、是非とも奪還したいところです。自民党県連は早々に候補者選定作業に着手して、公募を開始。石橋林太郎《いしばしりんたろう》県議の擁立を決定しています。そうした中での公明党側からの挑戦は、宏池会としては非常な苦難となっています。

公明対宏池会の戦いへ

宏池会会長の岸田文雄《きしだふみお》前政調会長は12月1日に党本部を訪れ、二階俊博幹事長に衆議院広島県第3区の現状を報告しています。公明党が斉藤氏を擁立したことについて、岸田氏が二階幹事長に不快感を伝えたという報道（産経新聞は岸田氏が「地元は公明に怒っている」と述べたと報じています）とただ事実を伝えたのみという報道（地元の中国新聞）もありますが、事を荒立てたくない岸田氏の性格のために、たとえ批判の言葉を投げたとしても、穏やかな表現になったのでしょう。

岸田氏はその後に、山口泰明《やまぐちたいめい》選対委員長をも訪問しています。これを受けて山口氏は記者団に「県連としては候補を選ぶのが当然」と述べ、公明党に対抗する岸田氏の主張を一応認容した形です。

なお公明党は岸田派に対して、もし広島県第3区に候補を擁立した場合は選挙支援の打ち切りを伝えており、岸田派にとっては次の衆議院選は大変な苦境になることは間違いありません。

いわばこれは公明党と岸田派の分断です。意図があるとすれば、2021（令和3）年9月に予定される総裁選に岸田氏が出馬しづらくさせるためでしょう。公明党と対立する総裁候補では、票が集まるはずがありません。それを見据えて二階幹事長が公明党に広島県第3区を〝譲った〟としたのなら、非常に恐ろしいことです。

もっともある自民党議員は、楽観も込めてこう述べています。

「斉藤さんはすでに72歳で、公明党の定年制度（公明党では出馬の段階で、当選すれば任期中に65歳を迎える場合には原則として定年とされ、引退します）を過ぎている。もし斎藤さんが小選挙区で当選しなくても、比例区出身なんだから、斎藤さんの議席は他の人にとって代わられるだけで、議席数が変わらないから、公明党にとっては痛くもかゆくもない。仮に公明党が広島県3区を取れたとしたら、大いにラッキーということではないか」

しかしそれは「候補を立てたら勝たなくてはならない」という公明党の方針を読み誤っています。自民党が公明党にいったん選挙区を譲った限りは、二度と戻ってこないと覚悟するのが正当です。

ある公明党関係者はこう教えてくれました。

「斉藤さんが2期ほど努め、その後は2017（平成29）年の衆議院選で中国ブロックで次点だった日下正喜《くさかまさき》に譲ることになるだろう」

すでに広島県第3区は、「次」もほぼ決められているといえるのです。

山口の乱　ここにも菅・二階と宏池会との闘いが

山口県は明治維新を実現させた志士たちを多々輩出してきました。また伊藤博文《いとうひろぶみ》、山県有朋《やまがたありとも》、桂太郎《かつらたろう》、寺内正毅《てらうちまさたけ》、田中義一《たなかぎいち》、岸信介《きしのぶすけ》、佐藤栄作《さとうえいさく》そして安倍晋三《あべしんぞう》と、全国最多の8名の総理大臣を生み出しています。

そのような山口県は現在も保守王国で、1区は高村正大《こうむらまさひろ》氏、2区は岸信夫《きしのぶお》防衛大臣、

３区は河村建夫《かわむらたけお》元官房長官、そして４区は安倍晋三前首相と、オール自民党です。参議院山口県選挙区も、林芳正《はやしよしまさ》元文科大臣と江島潔《えじまきよし》氏の自民党議員が議席を独占しています。

中でも安倍前首相の勢力は強く、弟である岸氏が２区を占め、参議院の江島氏も元下関市長で、安倍前首相の側近でした。

江島氏の亡父・淳氏もかつては参議院議員を務め、安倍前首相の亡父・晋太郎の側近でした。淳氏が死去した際には晋太郎氏が葬儀委員長を務めたという関係です。また江島氏自身も、結婚式の媒酌人は晋太郎・洋子夫妻で、安倍家と江島家とは家族ぐるみの付き合いということになります。さらに江島氏は岸氏が参議院から衆議院山口県第2区に転じたことによる２０１３（平成25）年の参議院補選で当選。いわば身内で議席をまわしたということになります。

このように山口県は自民党王国であると同時に安倍王国といえるのですが、かつて衆議院旧1区では、４議席のうち安倍晋太郎（晋三）、林義郎《はやしよしろう》（芳正）、田中龍夫《たなかたつお》（河村建夫）と、自民党の有力議員がしのぎを削っていました。（　）内は、それぞれの後継者を示しています)。

不遇の林家

ところが1996(平成8)年の衆議院選から小選挙区比例代表並立制が採用され、旧1区は山口県第3区と第4区に分割されました。これにより、3区は河村氏、4区は安倍氏とすみわけが行われ、林義郎氏は比例区に甘んじたのです。

以来、林家は名門でありながら、国政では不遇をかこつことになりました。義郎氏の長男の芳正氏は国政に進出するも参議院しか議席がなく、衆議院に転出を図ろうとするも、なかなかうまくいかきませんでした。もっとも故・佐藤信二《さとうしんじ》氏が政界引退した後、山口県第2区に有力な後継候補が立てられず、一時的に自民党にとって空白区になったことがありました。しかし第2区はかつての1区には含まれなかったため、林氏は躊躇。最終的に佐藤にとって従妹の息子で参議院議員だった岸信夫氏がそこに収まったのです。

旧1区に拘《こだわ》るなら、文関小学校、日新中学校、県立下関西高校という林氏の経歴から、山口県第4区の方が妥当です。ある意味では東京生まれで小学校から大学まで東京で過ごした安倍前首相より、地元に近いといえるでしょう。

しかし4区は安倍家が盤石《ばんじゃく》の地盤を築いており、その後継も岸氏の長男である信千代氏にほぼ決まっています。林氏が進出できる隙間はありません。

一方で河村建夫元官房長官の地盤である3区はどうでしょうか。河村氏は世襲議員ではなく、県議を経て故・田中義一元首相の息子である故・田中龍夫から選挙区を譲られました。河村氏も秘書を勤める長男を後継にしたがっていると聞きますが、安倍家ほどの盤石さはありません。さらに3区内の宇部市には、7000億円の売上を誇る宇部興産があります。創立者のひとりで3代目の社長を務めた俵田明《たわらだあきら》は、林氏の母方の曾祖父に当たります。

このように旧1区に拘りを持つ林氏は、3区を狙っています。実際に過去に2度ほど3区に出ようとしたこともありましたが、河村氏側の反対によって頓挫しています。

しかし総理総裁を目指す限りは、衆議院議員にならなくてはならない。林氏の胸の中には2012（平成24）年9月の総裁選に出馬した時、政策能力では他の候補にひけをとらなかったのに、参議院議員であるゆえに有力候補扱いされず、議員票24票、党員算定票はわずか3票で、無念の最下位になったことが忘れられないのでしょう。林氏もすでに59歳。時間は待ってはくれません。

二階幹事長の恫喝

そういう意味で2020（令和2）年10月4日に二階派の領袖《りょうしゅう》である二階俊博幹事長が19名の派閥のメンバーを引き連れ、萩市内で開かれた河村のパーティに参加した時、「『売られた喧嘩』という言葉があるでしょ」「河村先生に何かがあるんじゃないかということであれば、政治行動の全てをなげうって、我々はその挑戦に受けてたちます」などと、林氏を挑発したことは象徴的でした。そしてその翌日には、わざわざ宇部興産を視察しているのです。林氏と宇部興産との関係をふまえると、その意図は露骨《ろこつ》にまで明らかです。

代理戦争勃発

河村氏と林氏の代理戦争と注目される宇部市長選挙が、2020（令和2）年11月22日に行われました。出馬したのは林氏の元秘書で県議の篠崎圭二《しのざきけいじ》氏と、厚労省出身で元宇部市政策広報室長の望月知子《もちづきともこ》氏で、まさに一騎打ち。山口県連は篠崎氏を推薦しましたが、河村氏は支持層が重なる望月氏を応援。結果は林氏が応援した篠崎氏が勝利し、河村氏側が敗退しました。その結果は今後の3区を巡る林・河村の戦いを占う一助になるかもしれません。なお2021（令和3）年3月に予定される萩市長選には、河村の実弟で県議の田中実夫氏が出馬を表明しています。

そもそも萩市は河村氏の本拠地ですが、2017（平成29）年の市長選で初当選した現職の藤道健二《ふじみちけんじ》市長は、林氏の後援会の後押しを得ており、林氏の薦めで自民党に入党したという経緯があります。なお2020（令和2）年4月の美弥市長選も、林系の篠田洋司《しのだようじ》氏が552票差で現職の西岡晃《にしおかあきら》氏を制して当選。林氏は河村氏の本拠地である萩市にも事務所を開設し、着実に地盤を固めつつあるようです。

まるで泥沼戦争　福岡の変

自民党内の争いでもっとも激戦になっているのは福岡県といえるでしょう。かつては麻生太郎《あそうたろう》、古賀誠《こがまこと》、山崎拓《やまさきたく》らそうそうたる大物がしのぎを削り合っていました。現在でも現職で、その力に衰えを見せないのが麻生太郎副総理兼財務大臣でしょう。山崎氏や古賀氏と異なり、総理大臣の経験もあります。

そこで注目すべきは福岡県内の勢力図です。小選挙区の全てを自民党が制していますが、麻生氏の地元である8区と1区と5区が麻生派で、4区と6区と11区が二階派です。2区が石原派で、9区が竹下派。3区、7区、10区が岸田派です。

これは実に興味深いバランスです。麻生派が3つの選挙区を有するのに対し、古賀派だった岸田派も同じく3つ。二階派も3つです。とりわけ台頭しているのが、11区の武田良太《たけだりょうた》総務大臣で、二階派の次の領袖かとも言われています。その武田氏が何かと対立するのが、麻生派に所属している議員たち。火種の元はここにあります。

武田良太の台頭

２０２０（令和2）年9月16日に発足した菅内閣で、ある大臣ポストに注目が集まりました。武田良太氏の総務大臣就任です。

自民党幹事長や通産大臣、官房長官などを歴任した故・田中六介《たなかろくすけ》氏を親戚に持つ武田氏は、亀井静香元建設大臣の秘書を経て、１９９３（平成5）年の衆議院選に初出馬。４度目の挑戦で国会議員バッヂを獲得しました。しかし当選4年目の２００７（平成19）年には、妻・聡子さんが5歳の長女を残して病死しています。ちょうどその頃、武田氏が憲政記念館で政治資金パーティーを開催しました。長女も顔を見せ、武田氏は子育てにも勤《いそ》しむ良い父親ぶりをアピールしていたのが印象的でした。

その一方で武田氏には「黒い噂」もつきまとっています。２０１１（平成23）年に公表された政治資金管理団体の収支報告書によると、警察が指定暴力団の構成員としてマークしていた人物が70万円分のパーティー券を購入。その前年にはその人物が経営する会社が50万円分のパーティー券を購入していたことが明らかになっています。地元関係者は次のように訝ります。

「3度も落選すればおカネがないはずなのに、彼は当選早々に良い車に乗っていた。相当の資金を持っていると思った」

こうした話ゆえでしょうか。第4次安倍第2次改造内閣で、武田氏が国家公安委員長に任命された時は、「いったいどんな冗談なのだ?」と訝《いぶか》しがる者は少なくありませんでした。

その武田氏の力が増大し、これまでの福岡のバランスが壊れつつあります。山崎氏は派閥を石原伸晃《いしはらのぶてる》元幹事長に譲ったため、山崎派の影はほとんどありません。古賀氏は秘書の藤丸敏《ふじまるさとし》氏を後継にして、2012(平成24)年の衆議院選で引退しましたが、議員会館内の藤丸事務所の議員室は、師である古賀氏のために開けてあるそうです。

しかし2020(令和2)年の総裁選で岸田氏が麻生氏に支援を求めると、古賀氏と犬猿の仲の麻生氏はその引き換えに古賀氏を切るように命じました。その結果、古賀氏は宏池会の名誉会長を辞任しました。

大島産業事件と麻生派・二階派の対立

そのように流動化しつつある福岡政界に突如出てきたのが、週刊文春が報じた中央道にかかる橋梁の耐震工事を巡る疑惑だったのです。告発したのは三鷹市内の二次下請け業者で、福岡県第４区の宗像市にある大島産業を糾弾する内容でした。

この大島産業はかつて従業員に対するパワハラ問題で訴訟事件となり、裁判で負けています。にもかかわらず、国交省九州整備局は同社を２０２０（令和２）年の優良会社に認定しているのです。さらに週刊文春は同社と衆議院福岡県第４区選出の宮内《みやうち》秀樹《ひでき》農水副大臣との浅からぬ関係を報じました。

この問題を受けて４区内の自民党関係者が11月21日に宮内議員へのヒアリングを実施しようとしました。宮内議員は出席を拒否しましたが、その中心になったのが吉松《よしまつ》源昭《もとあき》県議会議長でした。

吉松氏は県議3期目で52歳。麻生派に属し、大家敏志《おおいえさとし》参議院議員と非常に近い関係です。

実はこの問題を探っていくと、2019（平成31）年の福岡県知事選を戦った大家氏と武田氏との闘いに行きつくのです。

福岡県知事選は、現職の小川洋《おがわひろし》知事に対し、厚労省福祉人材確保対策室長だった武内和久《たけうちかずひさ》氏が挑みました。武内氏を擁立したのが大家氏で、小川知事を応援したのが武田氏です。

武内氏はもともと福岡市長候補として、厚労省を退職後に政策顧問になり、KBCのコメンテーターなどを務めていました。ところが高島宗一郎《たかしまそういちろう》福岡市長が3期目に挑戦することになったため、副市長のポストを伺っていたところを知事選候補として抜擢されたのです。

しかし自民党県連内の分裂により、現職の圧倒的優位は変わらず。勝負は小川氏の勝ちとなり、2016（平成28）年の衆議院福岡県第6区補選に続いて、麻生派の敗北となっています。

敗因は党の推薦をごり押しした麻生氏に対する反発と、麻生氏の側近だった塚田一郎《つかだいちろう》国交副大臣（当時）による下関北九州道路構想についての「忖度《そんたく》」失言でした。塚田氏は責任をとって副大臣を辞任。そして３か月後の参議院選で落選してしまったのです。

さらに勝敗に影響を与えたのは、麻生氏の側近と言われた高島市長の〝変心〟でした。麻生氏は高島氏の応援を期待したのですが、高島市長が武内氏の支持を表明したのは告示日の前日で、一緒に街宣したのは初日と最終日のみでした。

高島氏にすれば、麻生氏の影響力の陰りを見たのではないでしょうか。そして高島氏は維新に近づいていきます。２０２０（令和２）年９月には橋下徹氏とインターネットテレビで共演。そして12月７日の定例会見では、改めて道州制についての賛意を示しました。これは同時に、国政への転身が噂される高島氏にとって、菅首相へのアピールとも解することができます。麻生氏のテリトリーであるはずの福岡県に、大きく菅・二階の勢力が伸びてきたということです。

なぜ宮内秀樹は二階派に入ったのか

ちなみに愛媛県出身の宮内氏は、当初から二階派だったわけではありません。青山学院大学を卒業後に入ったのは、愛媛県の大物政治家であった故・塩崎《しおざき》潤《じゅん》元総務庁長官の事務所でした。大学在学中は落語研究会に所属し、会長を務めた宮内氏は、議員となってからも落語議連の事務局長を務めるなど、その語り口は面白く、選挙区のお年寄りに人気だそうです。

塩崎氏は経企庁長官などを歴任した大物政治家でしたが、1993（平成5）年の衆議院選で長男の恭久氏に後継を委ねて政界を引退。そして宮内氏は渡辺《わたなべ》具能《ともよし》事務所に転じています。その渡辺氏が2009（平成21）年の衆議院選で落選し、体調を崩したために、宮内氏は後援会に請われて福岡3区に出馬したのです。

渡辺氏は山崎派に所属していましたが、宮内氏はすぐに派閥には入らず、しばらくは無派閥ですごしています。二階派に入会したのは2016（平成28）年1月で、あの武田良太《たけだりょうた》総務大臣と同時入会でした。同僚の議員がその理由を尋ねると、宮内議員は「いろいろあってね」と静かに答えたそうです。

実は宮内氏こそ、二階派にとって是非ともほしい人材だったのです。というのも、国土強靭化を標榜する二階氏にとって、建設関係はあますところなくカバーしたいところでしたが、派閥内に港湾関係に詳しい議員が欠けていたからです。その点、秘書として仕えていた渡辺氏が旧建設省港湾技術研究所所長を務めていたため、宮内氏も港湾行政には顔が利いたのです。

そして武田氏、宮内氏に加え、２０１６（平成28）年10月の衆議院補選で当選した６区の鳩山二郎《はとやまじろう》氏の３人は、「武田３兄弟」と呼ばれています。なお、鳩山氏が父・邦夫氏の死去の後に衆議院福岡県第６区補選に出馬したいと願った時、麻生氏が牛耳《ぎゅうじ》る福岡県連は、蔵内勇夫《くらうちいさお》県連会長の長男である謙氏を同選挙区に擁立してきました。謙氏は林芳正《はやしよしまさ》参議院議員の私設秘書で、宏池会系と言えました。

一方で、二郎氏を応援したのが武田氏でした。武田氏は二郎氏を二階幹事長に繋ぎ、それによって当選したばかりで人気絶頂の小池百合子《こいけゆりこ》東京都知事や菅義偉《すがよしひで》官房長などが続々と福岡県第6区に応援に入ったのです。そのおかげで二郎氏は10万6531票を得て圧勝。蔵内氏は2万2253票と民進党公認候補の4万20票にも及ばず、麻生氏の大敗北となったのでした。

ちなみにこの時、二郎氏側から武田氏に対して3億円が渡され、そのうち1億を手元に残し、武田氏は1億円を二階氏に、もう1億円を二階派に上納したという、なんとも生々しい話も伝わっています。

いずれにしろ2017（平成29）年に肝細胞癌を公表した小川知事の健康状態にも様々な憶測が飛んでおり、福岡県は菅・二階VS麻生の戦いの前線となるに違いありません。2020（令和2）年9月の総裁選とその後の政局を見据えようとするなら、福岡県の政界の動向は最も注目すべきでしょう。

第４章

天敵に育てられ、身内に足を引っ張られる菅首相

東京新聞望月衣塑子記者がやってきた

菅首相の誕生に欠かせない人物として、いち早く支援を約束した自民党の二階俊博《にかいとしひろ》幹事長の次に、望月衣塑子《もちづきいそこ》記者の名前も挙げなければならないでしょう。

望月記者といえば、２０１７（平成29）年6月6日から官房長官会見に参加し、キンキンとした声で矢継《やつ》ぎ早《ばや》に菅《すが》長官を追及。その冗長な質問で毎回、菅長官をうんざりさせたとともに、官邸の報道室と数々のトラブルを起こしていたことで有名です。

そもそもなぜ望月記者が官房長官会見に参加するようになったのでしょうか。それは森友・加計問題で、官邸の番記者たちの質問が甘すぎると聞いたからのようです。そこで望月記者は東京新聞の政治部長に頼み込み、官邸での取材の許可をもらっています。

「政治部記者たちが甘いなら、私が厳しく追及してやろう」という意気込みかもしれませんが、官房長官会見は裁判所ではありません。基本的に政府の見解を聞くところで、相手に白旗を挙げさせるさせるために追及する場所ではないのです。

にもかかわらず、望月記者はなぜ官邸に通い続けたのでしょうか。菅長官を追及したのは森友・加計問題ばかりではありませんでした。望月記者は北朝鮮によるミサイル発射問題についても、質問を投げかけています。2017（平成29）年8月31日午前の会見で、望月記者は次のように質問しているのです。

「挑発的行為を止めさせるんだという長官の会見でのご発言が出ておりますが、金《キム》正恩《ジョンウン》委員長が再三にわたってアメリカ再度に要求しているのが、21日から始まっている米韓合同演習で、2万8000人の兵力を投入していますが、北朝鮮の基地を叩いたり、金委員長の斬首作戦ですね、これを行ったり、またレーダーによる尾行をしないようにということを求めています。

こういうことを実際、アメリカが米韓合同演習で続けていくことが、金委員長のICBMの発射ということを促しているともいえると思うんですが、こういうことに対してアメリカ側もしくは韓国側との対話の中で、合同演習の内容をですね。ある程度、金委員長側の要求に応えるように、冷静になって対応するようにと。そういう働きかけを日本政府はやっているんでしょうか」

これは新聞記者の質問ではなく、「日本は北朝鮮の金正恩委員長の要求をアメリカ側に飲ませるべきだ」という極めてイデオロギー色の強い主張です。要するに北朝鮮の代弁者と見られても仕方がないものです。極東の平和に資するものではないし、ましてや日本国民の権利を擁護するものではない。むしろ日本人の平和における生存権を脅《おびや》かしかねないものではないでしょうか。

まやかしの「正義」に騙される人たち

実際に望月記者は朝鮮総連の機関紙である「イオ」の創刊号に登場し、インタビューを受ける一方で、「私と朝鮮」というコラムで「日本は過去に朝鮮を植民地支配し、現在の南北分断にも責任を負っている」と語っています。これは北朝鮮の独断に満ちた一方的な主張であって、歴史を正確に踏まえるなら出てこない発想です。

恐ろしいのはこうした発想の結果として、あちら側の「日本人は謝罪すべきだ」「日本人は賠償すべきだ」という果てしない主張に繋がってくることです。形ばかりの平和や人権尊重をきどった主張には思わぬ落とし穴があるという事実について、とりわけ言論に携わる人間ならば常に気を付けていなければいけません。表層的な正義と真実の正義は異なるのです。

にもかかわらず、一部の左派勢力は望月記者を持ち上げ、その反権力の姿勢のみで「正義」として持ち上げてきました。たとえば２０１９（平成31）年2月19日に参議院議員会館で開かれた「官邸による取材・報道の自由侵害に抗議する緊急声明」の発表会見です。官邸報道室による望月記者の質問制限について、学者や弁護士たちは「取材の自由」「報道の自由」への侵害だと断定しました。

ところが肝心な意味で、彼らは官邸の会見場で「取材の自由」が侵害されていることとは無視しています。もし国民の立場にたって「取材の自由」や「報道の自由」を考えるのなら、まずは官邸取材は大手メディアに圧倒的に有利で、フリーランスには全く不利であるという不平等な事実について言及すべきですが、これについては一言もありません。

すなわち「主張の正義」といった中味はどうでもいいわけです。権力に対峙していさえすれば何でも「正義」なのでしょう。

そのような安直な「正義」が肥大化し、望月記者がどんどん過大評価されていきました。挙句の果てが映画化です。

内閣調査室を誤解させるフィクション映画

２０１９（令和元）年6月28日、映画「新聞記者」は封切られました。

主人公の「吉岡エリカ」役は、当初は日本人女優が予定されていましたが、実際に演じたのは韓国人女優のシム・ウンギョンで、韓国ドラマの「ファン・ジニ」の子役を演じたことで有名です。「ファンジニ」はＡｍａｚｏｎプライムビデオで見ましたが、なかなかいいドラマでした。

しかし映画「新聞記者」の内容は陳腐《ちんぷ》そのものでした。新聞記者が国家の悪を追及するまではいいのですが、その「悪」というのが内閣情報調査室、いわゆる「内調」だったのです。

内閣情報調査室とは、「内閣の重要政策に関する情報を収集・分析して官邸に報告し、官邸の政策決定と遂行を支援する官邸直属の情報機関」で、具体的には次のような業務を行っています。（内閣官房ＨＰより）

①国内外の諸情勢に関する情報の収集・集約・分析・評価
②内閣総理大臣、内閣官房長官等に対する報告
③関係省庁との連絡調整等
④緊急事態発生時の情報集約・速報

実際には選挙情勢の調査・分析や週刊誌などが報道する記事のチェックおよびその裏どりなどが主な業務です。もっとも、北朝鮮による邦人拉致についての情報収集も業務のうちに入ります。たとえば民主党政権時から第二次安倍内閣まで内閣情報官を務めた北村滋《きたむらしげる》内閣情報官は、２０１８（平成30）年7月にはベトナムで北朝鮮の朝鮮労働党統一戦線部の金聖恵統一戦略室長と極秘接触し、日朝首脳会談の実現に向け

て水面下で交渉もしてきました。

しかし映画「新聞記者」では内調は国家の陰謀機関であって、密かに大学での生化学兵器の研究を画策しています。獣医学部創設認可をめぐって問題となった加計学園問題をもじってストーリーを作ったのでしょうが、そのキーワードとして「内調」を使うのはまるで昭和時代の子供むけ怪獣ドラマのようなセンスで、リアリティが全くありません。

そして主人公のエリカはその疑惑に果敢に飛び込み、松坂桃李が演じるエリート官僚・杉原拓海の協力を得てその証拠をつかむのです。

安易に実名報道に走る

陳腐なのは、内調を陰謀機関とした映画の構成だけではありません。スクープをとったエリカは、その記事をさらにセンセーショナルなものにするように上司に言われて実名報道にすべく、杉原のところに走っていくのです。情報を提供した時に杉原は、感極まって「名前を出してもいい」とエリカに伝えていたからです。

しかしこれは短絡すぎて、報道人がとるべき行為として非常に問題です。本人の承諾があれば実名報道をしてよいのかどうか。もし実名報道をすれば、杉原は国家公務員法違反で重い処分を受け、クビさえ飛びかねません。自分のスクープを確実にするためには、ひとりの官僚の人生を狂わせてもいいのでしょうか。

そもそも杉原が「名前を出してもいい」と言った時は、一時的に正義に酔い、冷静さを失っていたと見るべきです。記者としては、センセーショナルな記事を発して世間を驚かせたいという気持ちは理解できますが、報道としては「事実」を報じればそれで良く、情報源の実名を必ずしも出さなければならないものではありません。エリカの行動はジャーナリストとして非常に陳腐なものといえるのです。

そのようなエリカの行動ですが、現実の望月記者よりましだといえるでしょう。というのも、週刊新潮のウェブ版であるデイリー新潮は２０２０（令和２）年11月30日、「東京新聞「望月衣塑子記者」がスクープ記事でトラブル　約束違反だと取材先が抗議文」と題した記事を掲載したからです。これによると取材先が匿名を希望したにもかかわらず、望月記者が実名で報じてしまったというのです。

映画よりひどい望月記者の署名原稿

問題とされているのは11月14日付けの東京新聞の右一面記事で、「学術会議人事」「18年にも宇野氏を拒否」「官邸側、説明ないまま」と題され、望月記者の単独署名記事でした。

内容は、官邸から任命を拒否された日本学術会議の会員候補6名の1人である東京大学の宇野《うの》重規《しげき》教授が、2018(平成30)年の補充人事でも官邸に任命を拒否されていたというものでした。記事に実名が出ているだけでなく、宇野教授の顔写真までもが大きく掲載されたため、匿名を条件に望月記者の取材を受けた宇野教授にすれば、口から心臓が飛び出る思いだったのではないでしょうか。

そのような原案者による映画ですが、「新聞記者」は2019(令和元)年の日本アカデミー賞で作品賞、主演男優賞および主演女優賞を受賞しました。

しかし興行収入はわずか４億８０００万円にすぎず、１位の「天気の子」の１４０億６０００万円、２位の「名探偵コナン 紺青の拳（フィスト）」の93億７０００万円、３位の「キングダム」の57億３０００万円、４位の「劇場版ONE PIECE STAMPEDE」の55億５０００万円、５位の「映画ドラえもん のび太の月面探査記」の50億２０００万円という上位５本にははるかに及びません。しかもこれらの他に興収10億円以上の映画が40本もあったのに、なぜ興行収入が一桁下の映画「新聞記者」が日本アカデミー賞を受賞できたのか。背景に政治的意図を感じざるをえないのです。

そのような意図が望月記者を持ち上げ、望月記者もそれに乗っかっていくという構図になっています。これを「報道の自由」「取材の自由」とどうして言えるでしょうか。

「正義」の名の下に漂ううさん臭さ

シロかクロかがはっきりする犯罪はともかく、このような姿勢で人間の心理の多重構造が織りなす政治の真実を追求できるはずがありません。にもかかわらず、強引に巨悪を作り出したところが望月氏のやり方なのでしょう。

すなわち、官房長官時代の菅首相は望月記者によって巨悪に仕立て上げられたともいえるのです。その巨悪に対して戦う望月記者は正義という構図で、それを舞台のように見せていたのが官房長官会見だったのです。

もちろん当初の望月記者には、菅首相を誕生させる意図は微塵《みじん》もなかったに違いありません。彼女の頭の中は、自分という正義が菅長官という巨悪に対してかっこよく戦いを挑み、それを講演で話して話題になることのみしか存在しなかったでしょう。すなわち「反権力ビジネス」です。

反権力ビジネスの構築は簡単で、権力側に敵さえ作ればいいのです。そしてその敵が大きければ大きいほど、社会の注目を集めることができて効果があります。そういう意味で、官邸の中枢に位置する官房長官は格好の標的でした。

しかも官房長官は1日に2度も官邸で会見を行っており、新聞社の名前を使って参加すればチャンスは十分です。さらに臈長《ろうた》けた政治家なら、「巨悪」のイメージとして申し分ありません。

秩序を乱しながらも、自分の取材ができればいいという望月記者の姿勢もまた、絵になりやすい単純さをもっていました。そのような彼女を「行儀の悪いヤツ」と冷淡に見ていた内閣記者会も、権力側におもねる敵として位置付けられました。こうした構図が作られれば、何が真実なのか、何が正義なのかという議論は、どうでもよくなってしまいます。言い換えれば、正義でないものが正義とされ、持ち上げられることで話題になるという悪循環です。

筆者が危惧したのはその点でした。あまりにもわかりやすい善悪の構図には、思考力の欠如した人々が安易に乗っかっていくでしょう。そして単純な「チャンバラ」を「真実」と誤解し、狂喜乱舞していく。そこには民主主義も何もありません。

コロナ禍に倒れた反権力ビジネス

ところがその反権力ビジネスも、２０２０（令和２）年に入ってからはついに終焉を迎えることになりました。官邸が新型コロナウイルス感染症を理由に、官房長官会見参加に制限を付けたからです。記者席の椅子は半数以下に減らされ、参加できるのは1社1ペンに限られました。

このルールは東京新聞も適用され、もし望月記者が参加したいのなら、官邸の長官番の記者と交代させなければなりません。しかしそんなことをすれば、政治部は本来の業務ができなくなってしまいます。

反権力ビジネスとは、〝巨悪〟と常に対決してなければ、成立しないものなのです。今や天敵だった菅長官は総理大臣に上り詰め、望月記者はその会見すら参加できません。もっとも望月記者は〝新しい敵〟を探すべく、いろんな会見に参加しているようですが、菅首相ほどの大物はゲットできないようです。

さらにコロナ禍で講演依頼も激減したのでしょう。かつては東京新聞社内で「私のマネジメントをやってほしい」と口にし、講演依頼してきた市民団体に「8万円以上払ってくれないと話せない」と高飛車に出ていたようですが、その影もすっかり薄くなったと聞いています。望月記者の〝菅ロス〟は非常に大きいものかもしれません。

菅首相と望月記者はＷＩＮ－ＷＩＮの関係だったのか

一方で菅義偉《すがよしひで》首相も、異例の高支持率で好調なスタートを切ったものの、その後が芳《かんば》しくありません。新型コロナウイルス感染症の第3波が押し寄せているにもかかわらず、２０２０（令和２）年10月26日に始まった第２０３回臨時国会は延長せずに閉じました。安倍政権時に作られた第２次補正予算の予備費7兆円は全部つかいきらず、第3次補正予算の審議は翌年の通常国会に持ち越されました。12月8日には74兆円規模の経済対策を閣議決定しましたが、「真水」（財政出動部分）は19兆円に過ぎません。

こうした菅政権に対して国民の眼は厳しく、内閣支持率は急降下しています。

毎日新聞と社会調査センターが12月12日に行った世論調査によると、内閣支持率は40％で、前月比で17ポイント減少しました。不支持率は13ポイント増の49％で、とうとう支持率と不支持率が逆転してしまったのです。

さらに菅首相にとってショックだったのは、16日に公表された12月のNHKの世論調査でした。内閣支持率は42・4%で、前月比で14ポイントも下落。これは民主党政権時の菅《かん》政権と同じレベルです。

理由は菅首相のリーダーシップに対する疑念です。菅首相は総理大臣に就任以来、国民に対してほとんど発信していません。ようやく12月4日にきちんとした記者会見を開きましたが、国民の目から見て十分なものではありませんでした。その現れが12月5日と6日に実施した共同通信の世論調査で、内閣支持率は前月比で12・7ポイント下落の50・3%でした。

もっとも官邸側も手をこまねいていたわけはなく、世論に訴える計画をたてていました。そのひとつが12月11日のニコニコ動画への出演でした。

しかしこれが大失敗だったのです。そもそもニコニコ動画は1日2度の官房長官会見を配信しており、ユーザーには菅首相のファンも少なくありません。「ガースー」という愛称も、ニコニコ動画で付けられたものです。

ですから、そういうユーザーに対してウケを狙ったのでしょうか。菅首相は冒頭

「ガースーです」と自己紹介したのです。

もちろんニコニコ動画の画面は大喜びの言葉で埋め尽くされました。その一方で非常な顰蹙《ひんしゅく》も買ったのです。ニコニコ動画の画面は同時に、地上波のワイドショーでも流されていました。それを見た視聴者は「よりによってこの時期に」と眉をひそめたのです。

これは完全なミスでした。そもそも動画とテレビでは、番組を作る上での縛りが異なる上、視聴する層に大きな差があるのです。菅首相にとっていわば動画は「ホーム」であるのに対し、地上波はいわば「アウェイ」。よく知らない相手に対して、総理大臣が最初から冗談を飛ばすのは、普通ではありえません。

菅首相が出演する前に、それをきちんと説明しておくべきだったのです。イメージアップのための動画出演だったのに足を引っ張る結果となったのは、間の悪さ以前の問題でしょう。

さらに〝災い〟は続きます。ＮＨＫの世論調査にショックを受けた菅首相は、12月17日に年末年始のＧｏ Ｔｏトラベルの全国一時停止を発表します。これまで「Ｇｏ

Ｔｏトラベルを利用して新型コロナウイルス感染症に感染した人はごく少数」と主張していたにもかかわらず、政府の分科会による「ステージ３の一部で停止すべき」との主張を上回るものでした。

ところがその夜、二階氏ら７名が銀座のステーキレストランで会食していたところに菅首相が合流していたことが発覚。これが世間の大ブーイングを浴びました。

いずれも単純なミスにすぎず、ちょっと気をつければ避けられた災難です。それにしても官房長官時代には辣腕《らつわん》で鳴らした菅首相が、なぜここまで凋落したのでしょうか。

もしかしたら菅首相も、望月記者のような〝天敵〟がいてこそ自己の正当性を主張でき、輝けたのかもしれません。そういう意味で２人は〝天敵同志〟であると同時に、ＷＩＮＷＩＮの関係にあったのでしょうか。

露骨な身びいき

まるで負のスパイラルに入ってしまったような菅政権ですが、それを防止し、菅首相を助けるのが側近の役割です。にもかかわらず、側近が全く機能していないとしか思えません。理由はその選任方法です。

菅政権成立と同時に露《あら》わになったのは、「安倍政権の影響の排除」と「露骨《ろこつ》な身贔屓《みびいき》」です。まず菅首相は、官房長官時代の秘書官たちを首相秘書官に格上げし、安倍政権時の陣営を一掃しました。しかも長年官邸の秘書官室に勤めていた２人の女性事務官を異動させ、代わりに官房長官秘書官室に勤務していた女性事務官を入れるという徹底ぶりでした。

週刊現代２０２０年10月17日号は「菅首相が、女性事務官が今井尚哉《いまいたかや》前秘書官と連絡を取っていると疑い、クビを飛ばした」と陰謀論的に報じましたが、その意図をよく表しています。安倍政権を継承すると言いながら、実はその気は全くなし。むしろ安倍政権の影響を徹底的に排除したいのです。

しかし、そうしたことが菅首相のリーダーシップの発揮の一助になるどころか、かえってスムーズな政権運営を妨げることもあります。そもそも官房長官秘書官は課長クラスの陣営ですが、総理秘書官は審議官クラスと格上です。それなら官邸から事務次官以下の霞が関全般にも睨《にら》みが利くからです。

しかし課長レベルの秘書官が本省の事務次官に「指示」ができるのでしょうか。

「首相秘書官に抜擢《ばってき》された本人たちも、かなり上の上司に指示しなけりゃいけないのだから、さぞかしやりにくいだろうと思う。そもそも本省に戻った時、彼らはどうするのだろう」

ある元官僚はこのように話してくれました。

周囲に向けられた深すぎる猜疑心《さいぎしん》が表出した場合、ごく少数の身内への過剰な贔屓となることがしばしばあります。元共同通信記者の柿崎明二《かきざきめいじ》氏の補佐官の登用がそれでしょう。

補佐官登用は箔付けか

柿崎氏の抜擢には、当初は誰もが驚きました。というのも、テレビなどで見る柿崎氏の発言は、政府に厳しく、野党寄りだったからです。

とりわけ立憲民主党の枝野幸男《えだのゆきお》代表の事務所とは懇意《こんい》であることは有名で、補佐官に就任後も、枝野氏とカラオケなどに行っているとの話が伝わっています。テレビに出演する柿崎氏の言動が政府批判が多かったのは、それゆえだったのでしょうか。たとえば２０１９（令和元）年11月13日放映の「ひるおび！」（ＴＢＳ）で、桜を見る会問題について柿崎氏は次のように述べています。

姿勢の問題なので、為政者としての。つまり「桜を見る会」だけじゃないですよね。つまり敵のことは徹底的に批判するとか、身内、友達のことは異様にこう、抜擢したり起用したりするとか。他のでも起きている話なので。だからそこの姿勢を改めないと、これだけ止めたとしても問題は残りますよね。

つまり有権者とか国民を、自分を支持してくれる人と支持してくれない人に分けて、こちらには非常に優しくする、こちらにはとことん人事とか野次とかで絞るとかでやってくというのが問題なので、そのひとつの象徴が「桜を見る会」。だから「桜を見る会」だけなおしてもダメです。

要するに「えこひいきはダメ」ということですが、その発言はまさにブーメランとして、日本学術会議の人事には厳しく、しかし自分の側近の人事には甘い菅内閣に、そのまま突き刺さるものともいえないでしょうか。

このように批判されることが明らかなのに、なぜ柿崎氏は菅首相の「寵愛《ちょうあい》」を受けたのでしょうか。

柿崎明二氏は1961（昭和36）年、秋田県平鹿郡平鹿町（現在の横手市）出身です。県立横手高校から早稲田大学第一文学部に進み、卒業後は毎日新聞社に入りました。生家は菅首相の出身地である湯沢市から10キロほどしか離れていません。

そのような柿崎氏のさらなる疑惑を情報誌FACTAが直撃しています。同誌は2020年11月7日にオンライン記事として『首相補佐官』は政界進出の踏み台？／柿崎氏に『秋田県知事選出馬』説」を配信しています。それより前、柿崎氏には「参議院狙い」との話が永田町に流れていました。

しかし定数2の参議院秋田県選挙区は、自民党から2022年の参議院選で石井《いしい》浩《ひろ》郎《お》氏が出馬予定で、２０１９（令和２）年の参議院選では中泉松司《なかいずみまつじ》氏が落選。寺田静《てらたしずか》氏に2万1067票及ばなかったのです。

石井氏は竹下派で、中泉氏は岸田派です。同じ秋田県であっても、いずれも菅首相と近くはありません。中泉氏の場合は参議院選の最終に菅首相は応援に入りましたが、落選後は無関係も同じです。

要するに秋田県は菅首相の出身であっても、菅首相の直属ではないということになります。横浜市議を務めて神奈川県に強い影響力を持つ菅首相が、出身地である秋田県をも盤石《ばんじゃく》にしたいと思っても不思議ではないでしょう。

島尻安伊子を偏愛

実は菅首相によるこうした〝身びいき〟は、これが最初ではありません。同じような話を菅首相が官房長官時代に聞いたことがあります。沖縄担当大臣を務めた島尻安伊子《しまじりあいこ》元参議院議員です。

島尻氏は2016（平成28）年の参議院選で沖縄県選挙区で3期目を目指すも、日本共産党、社民党、生活の党と山本太郎となかまたち、沖縄大衆党の支持を受けた元宜野湾市長の伊波洋一《いはよういち》氏に10万6800票の差を付けられて落選。島尻氏はこの時、沖縄及び北方領土等の担当大臣を務めていましたが、次の内閣改造まで閣内にとどまりました。

その後、沖縄振興担当兼子供の貧困対策担当の補佐官に就任し、2019年の衆議院沖縄県3区補選に出馬するまで就任。これには島尻を〝寵愛〟する菅の意向があったと言われました。この頃、地元関係者はこう述べています。

「島尻が補佐官の仕事をしようと東京にいると、菅官房長官が『仕事はしなくていいから、沖縄で選挙活動をしていろ』と叱責《しっせき》するらしい。補佐官の報酬は大臣並みで、国会議員よりも多い。何もしなくても厚遇を与えるのは、変ではないか」

厚遇ぶりは玉城《たまき》デニー氏の知事選出馬に伴う3区補選の候補者選定も同じでした。2012（平成24）年の衆議院選以来、自民党は比嘉奈津美《ひがなつみ》氏を公認してきたのです。比嘉氏は2012（平成24）年の衆議院選で当選し、2014（平成26）年で小選挙区で落選したものの、比例で復活当選しています。ところが2017（平成29）年の衆議院選では落選し、比例復活も叶いませんでした。

そこで衆議院沖縄県第3区補選に際して、自民党沖縄県連は〝予備選〟を実施したのです。島尻氏も参加しましたが、1位を獲ったのは比嘉氏でした。にもかかわらず、3区補選で自民党が擁立したのは島尻氏だったのです。

さらに、3区補選に先だって沖縄市で開かれた島尻氏のパーティーには、地元のゼネコン業など1000名も参加しました。いずれも3区内にある辺野古新基地埋立工事に絡む関係者で、その背景に基地担当大臣を務めた菅長官の意向があったといいます。

それほどの力を入れたにもかかわらず、島尻氏は玉城氏の後継の沖縄タイムス元記者の屋良朝博氏に7000票以上の差を付けられて大敗しました。前年の知事選で応援のために3度も沖縄入りした小泉進次郎《こいずみしんじろう》氏は島尻氏の応援に入らず、安倍首相（当時）も見送っています。ちなみに「負け戦には首相は応援に入らない」という暗黙のルールがりますので、さすがの菅長官もごり押しはできなかったのでしょう。

もっとも島尻氏への菅政権誕生の恩恵は今のところないようです。次期衆議院選で沖縄県3区から出ても、そして2021（令和3）年の参議院選挙に出たとしても、当分は永田町に戻れる可能性はないと見られています。

維新の危うさ

「正直に言うとうれしいです。大阪の政治行政で壁にぶつかった時に、菅さんの力でそれを突破して前に進めてくれた」

菅義偉長官が自民党総裁に選任された翌日である2020（令和2）年9月15日、元大阪市長の橋下徹《はしもととおる》氏はテレビ番組に出演し、にこやかに感想を述べていました。

安倍政権時代には官邸とおおさか維新の会との関係の近さは有名でした。橋下氏と松井一郎《まついいちろう》大阪市長が上京し、安倍首相（当時）や菅長官（当時）と食事をしながらごやかに会談する、そのような蜜月《みつげつ》関係が構築されていたのです。しかしその中心は安倍前首相ではありませんでした。実際には官房長官だった菅首相と橋下氏、そして松井一郎大阪市長の人間関係で成り立っていたのです。

単に仲が良いとか相性が合うというだけではありません。菅首相の地元の横浜市も松井氏の地元大阪市も、ともにIR誘致に積極的であった点など、共通点も少なくなかったのです。

ただこの関係は、大阪で大きな政治のねじれを生みだしました。

「あの人たちは馬が合うんでしょう」

自民党大阪府連に所属するある議員は、突き放すように話しました。官邸と維新が接近すればするほど、自民党大阪府連が官邸から遠ざけられる関係になっているからです。

それが最も露骨《ろこつ》に現れたのが、2020（令和2）年11月1日に大阪市で行われた大阪都構想の住民投票でした。自民党大阪府連は党本部からの支援が一切なく、孤立無援の状態だったのです。

もちろん立憲民主党や共産党も大阪都構想に反対し、れいわ新選組の山本《やまもと》太郎《たろう》代表も大阪に入って反対する街宣をあちこちで開いていました。しかし彼らが互いに連携していたわけではありません。

筆者は投票日の前日である10月31日に大阪に入り、投票結果と維新の会見を見届けるために11月2日まで滞在しました。そしてれいわ新選組の街宣やおおさか維新の会の街宣などを取材したのです。

結論から言えば大阪都構想が否決された理由は、10月26日の毎日新聞が一面トップで報じた「市分割コスト218億円増」「大阪市財政局が試算」の記事と「れいわ効果」でしょう。自民党大阪府連は認めたくないでしょうが、街宣での聴衆の空気が違っていました。それもそのはずで、れいわ新選組の街宣は極めて緻密に組み立てられているからです。それは山本氏の演説の構成のみならず、聴衆が理解しやすいように字幕を付け、また音響やライトの強さも計算尽くされているからです。

なお大阪駅前での街宣では、れいわカラーのピンクをまとった斎藤まさし氏がビラを配布していたのを見かけました。斎藤氏は左派の活動家であり選挙コンサルで、山本氏が初出馬した2013（平成25）年の参議院選も手掛けています。定数5（当時）の東京都選挙区で山本氏が66万6684票を獲得して4位で当選を果たせたのは、斎藤氏の手腕によるものと言われていました。れいわ新選組が比例区で２議席を獲得した２０１９（令和元）年の参議院選でも、山本氏の街宣でその姿がありました。よって大阪都構想の住民投票についても、斎藤氏の指導があったのでしょう。ちなみに山本氏は次期衆議院選で、大阪府内での出馬を検討していると言われています。山本氏は兵庫県宝塚市出身ですが、大阪府豊中市の箕面自由学園高校を中退しています。

このように、自民党大阪府連だけが反対しても、大阪都構想の住民投票はとても勝利することはできなかったに違いありません。にもかかわらず、自民党大阪府連は11月13日に首相官邸を訪れ、勝利を報告しているのです。そこで菅首相から「大変でしたね。３回目の住民投票はないとむこう（維新）が言っていた」と言葉をかけられ、「３度目はない」ということだけ受け取り、勝利の気分に酔いしれました。

維新は身内で自民は他人

しかし重要な点を見落としています。なぜ自民党大阪府連が報告する前に、菅首相が維新側の意向を知っていたのか。それはすでに維新側から報告があったからに違いありません。それを菅首相が口にしたという事実をもっと重視すべきです。にもかかわらず、自民党大阪府連は二階俊博幹事長が日比谷の松本楼で開いてくれた慰労会に、ただ単純に感動していました。

維新贔屓《びいき》の菅首相と異なり、二階氏は維新嫌いで知られています。大阪都構想が住民投票によって否決された翌日、自民党大阪府連の大塚高司《おおつかたかし》会長から報告を受け、二階氏は「あれだけ劣勢だったのに、よく頑張った。党として誇らしい」と賛辞しました。もし大阪都構想が通り、勢いを増した維新の勢力が近畿で拡大すれば、二階氏の地元である和歌山県にもその影響を受けることになりかねません。

そもそも国土強靭化計画を提唱するなど二階氏は公共事業の促進派ですが、「身を切る改革」の維新は公共事業を削減を謳っています。そういう面でも話が合わないのです。

にもかかわらず、2020(令和2)年9月に菅政権が成立した時には「橋下氏が総務大臣として入閣する」との噂が流れました。また大阪都構想の否決により市長としての任期満了で政界引退することを表明した松井氏には、早くも「次の内閣改造で総務大臣として入閣するのでは」という声すら出ています。地方行政を担当する総務大臣は、大阪を拠点とし、道州制を主張する維新にとってはまさに喉から手が出るほどほしいポストです。総務大臣経験のある菅首相にとっても、気心が知れる維新に同ポストを与えることは、やぶさかではないはずです。「政策でリベラルな公明党より、維新の方が組みやすい。そのうち公明党を切り離して、維新と連立を組むのではないか」とまで言われているのです。

実際に維新は「菅派」ともいうべき存在です。菅首相のブレーンの竹中平蔵《たけなかへいぞう》氏は２０１２（平成24）年の衆議院選挙での維新の公募委員会で委員長を務め、菅政権で新たに内閣官房参与に任命された高橋洋一《たかはしよういち》嘉悦大学教授は大阪市の特別顧問を務めていました。

さらに大阪都構想の住民投票で、自民党本部が大阪府連に一切の援助を行わなかったのも、「自民党大阪府連が潰《つぶ》れてしまってもやむをえない」あるいは「潰れてしまえ」という意思表示だったのでしょう。このように大阪ではまさに自民党から維新への「乗り換え」が行われようとしていたのです。

電話で依頼はなれ合いの証拠

さて、新型コロナウイルスの感染者数と重症者数が急増したために医療崩壊の寸前に陥った大阪府の吉村洋文《よしむらひろふみ》知事が、12月7日に岸信夫《きしのぶお》防衛大臣に直接電話をかけ、自衛隊の看護師を派遣するように依頼した件が問題になりました。

なお国内において地震や火山の噴火、台風などの自然災害や、飛行機事故や山海の遭難などが発生し、人命または財産の保護の必要性が認めれる場合に、防衛大臣あるいはその使命する者は陸上自衛隊の派遣を命令することができ、救援や捜査、必要物資の搬送などが可能です。これは自衛隊法第83条で認められており、他の手段では十分に対応できない場合に都道府県知事などが申請できることになっています。

問題は法的な手続きを超えて、知事から防衛大臣へ電話がかけられたということです。もちろん政治家のリーダーシップという観点からは、緊急事態における迅速な行為は評価されます。しかし今回はそうでしょうか。

「大阪はなぜ地方創生臨時交付金を使って準備しなかったのか。コロナの第3波の到来はわかっていたはずなのに、その準備をしなかったのか」

ある自民党議員はこのような疑問を口にしました。コロナ禍対策の地方創生臨時交付金は、第1次補正分として大阪府に183億1259万5000円と大阪府内の市町村分に209億8822万4000円、第2補正分として大阪府に496億2507万1000円が割り当てられています。

これを十分に利用すれば、第3波に備えた対応はできたはずです。さらに11月1日の大阪都構想の住民投票も延期すれば、大阪市役所の職員もコロナ対策に全力投球できたはずです。にもかかわらず、維新は住民投票を優先して決行しました。それにかかった費用は10億円にものぼります。

そして看護師が不足するようなら、大臣に電話をかけて自衛隊から派遣してもらおうとする。こうした安直な考えについて、12月8日に開かれた自民党の国防議連では批判の声が挙がりました。陸上自衛隊出身の佐藤正久《さとうまさひさ》参議院議員もTwitterで、

「自衛隊は便利屋ではない」と吉村知事を皮肉っています。

なお大阪府知事から中部方面総監（伊丹駐屯地）に正式に災害出動の申請が出たのは12月11日で、同医療支援チームは15日から医療支援を開始し、大阪コロナ重症センターと府立中河内救命救急センターに合計7名の看護師および准看護師の派遣を決定しました。その間も感染者や重症者の数は増え続け、死者も出ています。一度爆発するとパンデミックは抑えることが難しいのです。

第5章

政治家が守らなければならないもの

ベトナム・インドネシアへ初外遊の意味

首相に就任後の初の外遊先は、後の外交方針を占う上の重要な要素となるものです。たとえば安倍《あべ》前首相は第1次政権が発足した直後の2006（平成18）年10月8日と9日に中国と韓国を訪問しています。

胡錦涛《こきんとう》主席（当時）と盧武鉉《ノムヒョン》大統領（当時）に会ったのは、まずは小泉純一郎《こいずみじゅんいちろう》元首相の靖国参拝で冷え込んだ日本との関係を緩和するためでした。中国とは「戦略的互恵関係」の構築を合意し、北朝鮮による核実験の阻止や拉致問題への協力などについて「共同プレス発表」を公表。韓国では日本の総理大臣として初めて、国立顕忠院《けんちゅういん》も参拝しています。

その安倍首相を挑発するように、北朝鮮は安倍首相が韓国へ移動する10月9日に地下核実験を実施しましたが、それを受けて韓国では当初1時間半だった首脳会議を2時間に延長し、北朝鮮の核に対して両国が毅然とした態度で制裁措置を講じることを確認し合うことができました。

最も重要なことは、安倍首相が中韓両国を素早く訪問した本当の理由です。実はその年の10月13日に盧武鉉大統領が訪中することになっており、そうなれば中韓が結託して対日強硬態度に出てくる危険性が大きく、歴史認識問題が火を噴くことになりかねませんでした。それを阻止するために、総理就任後12日で、２か国を回ったのです。あらかじめ問題発生を予防することこそ、最良の外交といえるでしょう。

故・中曽根康弘《なかそねやすひろ》元首相もまた、１９８３（昭和58）年１月に最初の訪問国として韓国を選んでいます。１９８２（昭和57）年には教科書問題が発生し、日韓関係が最悪になっていたからです。

この時、韓国の全斗煥《チョンドゥファン》大統領は、対北安全保障のために日本に１００億ドルの経済援助を要求し、中曽根首相は40億ドルの援助を約束しています。このようにまず日韓関係の改善を図ったのは、「日米同盟問題」や「非核三原則問題」などで鈴木内閣時に悪化していた日米関係を好転させる口火としたかったようです。

それでは菅首相のベトナムとインドネシアへの初外遊はどういう意味があるのでしょうか。新型コロナウイルス感染症を抑え込んだベトナムはともかく、東南アジア一感染数が多いインドネシアを訪問する理由は何なのでしょうか。

まず考えられるのは、中国への牽制《けんせい》です。中国と国境を接するベトナムは、絶えず中国と争ってきました。ベトナムの歴史とはいわば、中国からの侵略と闘う歴史だったのです。

加えて近年では、南シナ海海域をめぐり、中国と頻繁に衝突し、時には軍事的緊張も生じています。中国政府は２０２０（令和２）年４月に、パラセル諸島とスプラトリー諸島に行政区設置を表明。これに対してベトナム政府は強く抗議していますが、尖閣《せんかく》問題を抱える日本も対岸の火事と決め込むわけにはいきません。

ベトナムは菅首相の「自由で開かれたインド太平洋構想」に積極的協力を約束。防衛技術の移転面でも合意しています。

さらに経済的な絆を強めるという意味もあります。ベトナムから日本にやってくる外国人労働者の割合は、中国に次いで2番に多く、40万１３２６人にものぼります（２０１９（令和元）年10月末現在の厚労省の調査）。最近では技能実習生の労働問題もありますが、宗教上の制約が少なく、勤勉なベトナム人は、日本企業にとって受け入れやすい労働力であることは間違いありません。９０００万人の人口をもち、投資先としても有望なベトナムは、日本にとってかけがえのないパートナー。２０２０年のＡＳＥＡＮ会議の議長を務めたベトナムは、是非とも抑えておかなければならない相手でした。

インドネシア訪問も、中国対策であることは明らかです。南シナ海のナトゥナ諸島にＥＥＺを設定しているインドネシアは、海洋侵出をはかる中国と国連も巻き込んで深刻な対立をしているからです。

ただし、インドネシアは中国との経済関係は重視しています。中国の成長率に期待する一方で、アメリカがインドネシアに対する一般特恵関税制度を見直そうとしているからです。

菅首相が訪問した後の10月下旬、アジア歴訪中のポンペオ国務長官はインドネシアを訪問し、「インドネシアがナトゥナ諸島周辺の主権を守るために断固とした行動を取ることを歓迎する。海上の安全保障を強化し、世界有数の貿易ルートを保護するために新たな方法で協力していきたい」と宣言した時も、ルトノ外務大臣は包摂的な協力を模索すべしとして意見の差を見せました。

菅首相がインドネシアを訪問したのは、こうしたアメリカ・インドネシアの関係をウォーミングアップする役割を背負っていたのかもしれません。そうでなければ、菅首相がわざわざ東南アジア一コロナ禍が深刻なインドネシアを訪問した理由は、なかなか見つけることができません。

"二階俊博"という鬼門

このように菅首相の対中政策は、基本的にアメリカと足並みをそろえようとするものでしょう。ですから習近平《しゅうきんぺい》主席との9月25日の日中首脳電話会談では、習近平主席と両国の緊密連携で一致したものの、3月に延期された習近平主席の国賓としての来日については、議題にしませんでした。

一方で政界きっての親中派である二階《にかい》氏は、習近平主席の来日延期の理由が民主主義を破壊する香港国家安全保障維持法の施行であるにもかかわらず、日中関係について「中国とは長い冬の時代もあったが、今や誰が考えても春」とし、習主席の来日については「穏やかな雰囲気の中で、実現できることを祈っている」と述べています。そこには一切の遺恨もありません。しかも日中間の懸念である尖閣諸島周辺海域を中国船が接近航行している件は、今年は特に回数が増加しており、過去最多を記録しているのに、これについて言及しようともしませんでした。

しかしながら菅首相にとって二階氏は、総裁選を勝利に導いてくれたキーマンです。少なくとも次の衆議院選までは、あえて衝突することはないでしょう。

むしろ二階氏を自由にさせつつ、反中で知られるオーストラリアのモリソン首相を迎えるなど、バランスをとっている様子があります。また11月1日から中国を含む環太平洋の9か国への渡航中止勧告を解除し、上陸拒否の指定も外したのです。

第3波の危険の下で、国際的な移動を解禁することはリスキーですが、経済的な実利を優先したということでしょう。

働きぶりが見えない首相

菅政権のキャッチフレーズである「国民のために働く内閣」とは、2020（令和2）年9月16日に菅政権が誕生した時、菅義偉《すがよしひで》首相自身が命名したものです。しかしその働きぶりが国民の目から見えません。

まずは首班指名を受けた第202回臨時国会を、通例通りに所信表明を行わずに閉じてしまったことです。所信表明がなければ、代表質問もできませんし、各委員会も開けません。新型コロナウイルス感染症対策として積み上げられた第2次補正の7兆円の予備費を大胆に使うこともありませんでした。

そして菅首相は40日間も国会を閉じたままでした。10月26日に開かれた第203回臨時国会も、会期はわずか41日で、延長されませんでした。しかも当初は第3次補正予算が審議されると言われていたのに、いつの間にか翌年の通常国会に回されていたのです。

国民へのメッセージも同じでした。10月下旬から段々と、コロナ感染者数が増えてきたにもかかわらず、菅首相は黙ったままでした。

さすがに感染者数や重症者数が第２波を超えると、国民に対してメッセージを出す必要に迫られました。最初は11月21日午後5時18分から20分までの2分余りで、次のように述べられています。

昨日、専門家会議から提案を提出いただいたこのタイミングで、本日、対策本部を開催し、私からそれぞれの閣僚に感染対策を指示いたしました。

まず政府としてできることは速やかに実行するということです。重症化しやすい方々や高齢者の方々、医療施設・介護施設において、検査を集中的に国費で行います。

さらに、ＧｏＴｏトラベルについては、感染が拡大している一部地域において、一時停止をする措置、これを導入したい、このように思います。また飲食でありますけれども、時間短縮、こうしたことの対応策として、政府は交付金でここはしっかり支援したい、このように思います。

そして、ＧｏＴｏイートについては、新規発行の一時停止など、これは自治体に要請させていただきたい、このように思います。国民の皆さんの命と暮らしを守るのが政府の最大の責務だと思っています。今回この現状の中で、国民の皆さんにさらにお願いをさせていただきたいと思います。

それは、スーパーコンピューターでもその効果が立証されておりますのがマスクです。是非このマスクを、皆さんが会食する際も含めてマスク着用を心からお願い申し上げたい、このように思います。そして手洗い、3密の回避という、この感染防止策の基本をもう一度心掛けていただきますように、国民の皆さんに心からお願い申し上げたいと思います。

最初に記者クラブの幹事社が質問している形ですが、菅首相は手に持ったメモに目を落とし、ただ読むだけでした。その後、他の記者数名が質問をしようと言葉をかけましたが、菅首相はまるで聞こえていないかのように立ち去っているのです。

菅首相はその40分後、赤坂のANAインターコンチネンタルホテルに向かって出発。同ホテル内の中国料理店「花梨」で1時間あまり秘書官らと夕食をとっていました。

そして菅首相はその夜、午後10時からG20首脳会議のテレビ会議に参加していましたが、53分で途中退席しています。もっとも他の国の首脳たちも途中退席したり、代理出席があったようですので、さほど重視された会議ではなかったようです。さらに夕食から官邸に戻ってきてテレビ会議まで２時間半も時間があったのです。

２度目は11月26日で、午後６時44分から46分まで記者団に語っています。

昨日の分科会でも、飲食店の営業時間の短縮が極めて重要であるという指摘を受けました。それを踏まえて、札幌市に加え、東京都、大阪市、名古屋市においても飲食店の時間短縮、今週末から行うことにいたします。時間短縮に協力してくれた全ての店舗に対して、国としてしっかり支援していきたい、このように思います。

さらに、昨日の分科会の提言を受けて、各都道府県で早急に病床の確保に努めます。感染拡大地域の保健所に派遣するための保健師などの専門職について、これまでの倍の１２００名を確保いたしまして、各地の保健所にしっかり派遣して応援したい、このように考えています。

こうした対策を先ほど3大臣に指示いたしました。また分科会でも指摘されていますように、この3週間が極めて重要な時期だと、こういう御指摘を頂いています。国民の皆さんにおかれましても、是非ともマスクの着用、手洗い、そして3密の回避という、感染拡大防止の基本的な対策に是非御協力いただきたいと思います。皆さんと一緒になって、この感染拡大をなんとしても乗り越えていきたい。是非ともよろしくお願い申し上げます。

こう述べた後、質問を投げかける記者を無視して立ち去ったのです。

その後はすぐさま、官邸のそばのホテルで秘書官らと夕食をとり、衆議院第二議員会館の自室に行き、午後8時半には赤坂宿舎に戻っているのです。

なお、26日には国内の新たな感染者数は２５０４人、重症者も４１０人と最多記録を更新しました。死者は29名で、大阪での死亡者は17名にものぼっています。

なぜ国民に寄り添わないのか

第２０３回臨時国会が事実上閉会した12月４日、２か月半ぶりに首相会見が行われました。フリーランスとして参加した筆者は、質問の機会が与えられ、次のように質問しました。

10月に入り、自殺者の数が激増し、２１００人を超えました。とりわけ女性は前月比で83％も増加しています。コロナ禍で弱者にしわ寄せが行っている証拠です。

総理は官房長間時代、「国民によりそう」とよく口にされました。また先ほど（冒頭発言で）「国民の命と生活を守るのが政府の責務」とおっしゃった。それならなぜ国民に直接訴えてこなかったのか。

これについて菅首相はまず「官房長官が1日に2度会見している。このような国は先進国には他にはない」と答えたのです。

これは官房長官時代に総理会見の回数が少ないことについて弁明したのと同じセリフです。しかし官房長官の発言としてはありえても、総理大臣としての発言としてはありえません。

しかもコロナ禍という「戦時」についての質問であるにもかかわらず、「平時」の対応を答えており、適切なものとはいえません。そもそも総理会見は官房長官会見と同等なのでしょうか。官房長官は会見で政府の見解を述べますが、総理大臣の権限を100％代行しているわけではありません。現在、官房長官は1週間に10回、1か月に40回以上の会見を開いているわけですが、総理会見は官房長官会見1か月分以上の価値があるのではないでしょうか。

まさに天災ともいうべきコロナ禍ですが、外国のリーダーたちは十分に国民に語りかけています。

たとえばニュージーランドのジャシンタ・アーダーソン首相とアシュリー・ブルームフィールド保健省代表は、会見を1日1度行っています。アンダーソン首相はFBを利用し、インタラクティブに国民の声を受け止め、時には自宅から配信するなど、臨機応変に活用しています。ニュージーランドがロックダウンした３月25日には、記者会見で国民に次のように語りかけました。

あなたは一人ではありません。私たちはあなたの声を聞きます。私たちが指示することは、常に完璧ではないでしょう。でも、私たちがしていることは、基本的に正しいものです。

あなたは働かなくなるかもしれません。でも、仕事がなくなったという意味ではありません。あなたの仕事は命を救うことです。

人に優しく。家にいましょう。そして、感染の連鎖を断ち切りましょう。

自殺者増大への懸念

一方で日本では、２０２０年10月の自殺者は２１５３人で、男性が１３０２人で女性が８５１人に上りました。２０１９年10月には男性は１０７３人、女性が４６６人でしたので、コロナ禍の影響で男性は21・3％増加し、女性の場合はなんと82・6％も増加しているのです。

これは男性に比べてストレスに強い女性が、コロナ禍で深刻な状況に置かれていると見ることができます。社会的弱者である女性に、いろんなしわ寄せがきているのです。

そのような時、国のトップリーダーが自分たちのことを第一に考えてくれていることを実感できたら、大きな励みになるに違いありません。

自殺者ばかりではありません。正確な調査の数字は出ていませんが、一般に年間2万例といわれる孤独死も問題です。コロナ禍で活動を自粛しがちになれば、孤独死も増加するにちがいありません。

孤独は絶望を生み出し、死にも結び付く危険性があります。ひっそりと死んでいくほど、哀しいものはありません。

菅首相は7年8か月の間、官房長官として週に2度の会見をこなしてきました。北朝鮮からミサイルが飛んできた時、未明に会見を開いたこともあります。

ならばこのコロナ禍という「戦時」の時に、なぜ総理が国民に直接語り掛け、国民の不安除去に自らが努めないのでしょうか。確かに加藤勝信《かとうかつのぶ》官房長官や西村康稔《にしむらやすとし》新型コロナ対策担当相が、連日のように会見し、情報を発信しています。

しかし毎日ではなくとも、週に1度とか2週間に1度とか、国民を安心させるメッセージを総理大臣が送る必要はあるのではないでしょうか。総理大臣の力強いメッセージなら、多数の国民の孤独が癒されることに間違いはありません。

会見の後、山田真貴子《やまだまきこ》報道官と名刺交換した時、山田報道官が「我々もその点は対策を打っている」と話してくれました。確かに経済対策で、商店などの経営は一息つけるかもしれません。また持続化給付金や特別定額給付金などの経済的な救済は、苦しい家計を救うことになるでしょう。

しかし将来の見通しがないまま、コロナの中で希望を見失っている人の救済はどうでしょうか。まずは首相が寄り添う姿勢を見せる、気持ちを通わせることこそ、非常に重要な国の役割ではないでしょうか。

しぼむ国民の期待。しかし……

菅義偉首相が総理大臣に就任して2度目の会見が行われた直後に各社が発表した内閣支持率は、軒並み大きく低下しました。共同通信社が12月5日と6日に行った調査では、内閣支持率は50・3％で、前月比で12・7ポイント減らしています。不支持率は13・6ポイント上昇して、32・8％でした。

讀賣新聞が12月4日から6日まで実施した世論調査でも、内閣支持率は前月比8ポイント減の61％で、不支持率は5ポイント増の27％です。12月5日と6日に行ったJNNの調査では、支持率は前月比11・5ポイントも減少して55・3％となり、不支持率は12・9ポイントも増加して41・1％となっています。そして時事通信（12月4日～7日）に至っては、支持率は前月比5・2ポイント減の43・1％で、不支持は7ポイント増の26・6％でした。

中でも衝撃な数字は、12日に公表された毎日新聞と社会調査研究センターの共同調査結果でしょう。内閣支持率は17ポイント減の40％になり、不支持率は13ポイント増の49％で、支持率と不支持率が初めて逆転したのです。

しかしこの数字こそが本来の菅内閣の支持率に近いものではないでしょうか。そもそも辞任表明前の安倍政権の支持率は、毎日新聞の調査では34％でした。

そもそも国のトップは孤独なものです。現職でいる間は理解者が少なく、歴史に名前を残してようやく、本物として評価されるのです。

新型コロナウイルス感染症という国難をどう克服するのか――。それに注目しているのは現代に生きる国民ばかりではありません。後世の人々がどのように評価するのかを、政治家は恐れるべきではないでしょうか。

おわりに

「あの頃は東京に行くと、いいことがあると信じていたんですよ」

数年前の夕刊フジのインタビューで、官房長官だった菅《すが》首相はこのように切り出し、高校を卒業して上京した頃の話をしてくれました。１９６０年代後半の日本は経済成長の真っ最中で、誰もが将来に希望を持てた時代です。もし上京せずに郷里の秋田にいても、それなりの幸せが約束されていたはずだったでしょう。

にもかかわらず、18歳の少年はそれでは飽き足らなかったのでしょう。自分の可能性をかけて、さらなるステップアップを夢見たのに違いありません。

それにしても後に政界に入り、官房長官として在任記録を更新し、さらに総理大臣になるとは、その時は想像だにしなかったでしょう。インタビューを受けながらしみじみと半生を語った菅首相は、官房長官会見時の厳しい顔とは異なる穏やかな表情を見せていました。

それは団塊《だんかい》の世代という競争社会でも、希望を持てば必ず実現するという自信だったのかもしれません。そしてその自信こそが、政治家・菅義偉《すがよしひで》の原点ではないかと思うのです。

しかしながら総理大臣に就任したとたん、菅首相はその輝きを失っています。それはいったいなぜなのか。新型コロナウイルス感染症に対する国民の怯えや怒りは、果たして菅首相に届いているのでしょうか。

本書では菅政権がどのような問題を孕《はら》んでいるのかについて焦点を当てました。安倍首相の退陣以降のリーダー不在の自民党内の混乱、そして次期リーダーの座を虎視《こし》眈々《たんたん》と狙う政治家たちなどなど。つまりはこれから自民党は戦国時代に入っていくのです。

それをどう見極めるべきかは、国民の判断です。「一回やらせてみたらいい」というような政権選択の甘い考えは、日本の政治史に黒歴史として刻み込まれた民主党政権を再度現出させるものです。しかも日本には、かつてのような余裕はありません。

選択の失敗は許されないのです。

2021(令和3)年は東京オリンピック・パラリンピックが予定され、東京都議選や自民党総裁選、衆議院選が行われる年です。次の国政選挙こそ、日本のこれからを左右する分岐点になりうるのです。そうした日本の将来を左右する重要な決断に際して、本書がみなさんのご理解の一助になれば幸いです。

この国難を無事に乗り越えられることを祈って

2021年1月

安積明子

【著者略歴】

安積明子（あづみあきこ）

兵庫県生まれ。慶應義塾大学経済学部卒。

平成6年国会議員政策担当秘書資格試験合格。参議院議員の政策担当秘書として勤務の後、執筆活動を開始。

夕刊フジ、Yahoo! など多くの媒体で精力的に記事を執筆している。

また昨今はテレビ・ラジオ出演など、ジャーナリストとしての活動の幅を広げている。

著書に『野党共闘（泣）。』『“小池”にはまって、さあ大変！』（ワニブックス）。『「記者会見」の現場で見た永田町の懲りない人々』（青林堂）に続き、『「新聞記者」という欺瞞――「国民の代表」発言の意味をあらためて問う』（ワニブックス）と、2年連続して咢堂ブックオブイヤー大賞（メディア部門）を受賞。

新聞・テレビではわからない、永田町のリアル

令和3年1月24日　初版発行

著　者　安積明子
発行人　蟹江幹彦
発行所　株式会社　青林堂
〒150-0002　東京都渋谷区渋谷3-7-6
電話　03-5468-7769
装　幀　TSTJ inc.
印刷所　中央精版印刷株式会社

Printed in Japan

ISBN 978-4-7926-0696-1

「記者会見」の現場で見た永田町の懲りない人々

安積明子

官房長官会見で〝偽りの「報道の自由」〟を叫び、〝「国民の代表」を騙る〟大手新聞記者らの欺瞞を暴く！

定価1400円（税抜）

インテリジェンスと保守自由主義

江崎道朗

コロナ対策から安倍政権下で創設された国家安全保障会議そして欧米における近現代史見直しの動向を踏まえながら、インテリジェンスとは何かを問う！

定価1500円（税抜）

日本版　民間防衛

江崎道朗
濱口和久
坂東忠信
富田安紀子（イラスト）

テロ・スパイ工作、戦争、移民問題から予期せぬ地震、異常気象、そして災害！　その時、何が起きるのか？　我々はどうやって身を守る？　各分野のエキスパートが明快に解説。

定価1800円（税抜）

子供たちに伝えたい「本当の日本」

神谷宗幣

私たちが知るべき歴史や経済、日本の原動力である和の精神を彼らにどう伝えるかをわかりやすく解説！　若者や子供たちに「日本」という誇りと夢を！

定価1400円（税抜）